心理テスト&うらないで女子力アップ！

なやみがつきない自分の気持ち、恋愛、友情……。この本の心理テスト&うらないをすれば、本当の気持ちがちょっぴりわかるようになるよ。自分の新しいミリョクにも気づくかも！ それってつまり、もっとあなたがかがやけるってこと♪ この本をヒントに、ステキ女子に近づこう♥

最初に書いてみよう！

今、自分が思っているあなたは……

★ まわりからは、

　[リーダー] [相談役] [カリスマ] [不思議ちゃん]

　って思われているかも。

★ 人気者度は [　　　]％くらいで、女子力度

　は [　　　]％。ワガママ度は [　　　]％

　で、小悪魔度は [　　　]％かな★

心理テスト&うらないをするときのポイント

自分の心に素直になろう

心理テストをするときは「こっちのほうがいい結果になるかも」なんて考えず、自分が思ったとおり自由に答えてね。なやんだときは、直感でOK！

診断結果にとらわれすぎないで

心理テストやうらないの結果は、絶対じゃないよ！　たとえばうらないの相性の結果がよくなくても、それはあくまでも「傾向」だから、落ちこむ必要はないよ。それを知って、どう行動するかが大切！

これからをもっとハッピーに☆

運勢は、考え方や行動で実は変えることができるよ！　この本の結果を、どういかすかはあなた次第。知って、なやんで、行動して……どんどんステキな女子になっちゃおうね♥

もくじ

キャラ紹介 ……… 8

1章 知らない自分が見えてくる

💜 スペシャルマンガ① ……… 10

心理テスト

1	女の子が泣いているよ。どうして？ ……… 11
2	あなたはどっちを選ぶ？ ……… 12
3	魔法をわすれる順番 ……… 15
4	池をながめていたら ……… 17
5	みんなでハイキング ……… 17
6	魔法使いのプレゼント ……… 19
7	お部屋をイメチェン♥ ……… 21
8	小物をチェンジ！ ……… 23
9	教室で「ハイ、チーズ」 ……… 25
10~13	実はわたし、○○なんです～オモテ編～ ……… 28
14~17	実はわたし、○○なんです～ウラ編～ ……… 32
18	女子力アップのおしゃれコーデ♥ ……… 36

うらない

自分の性格・未来がわかる♪
⭐ 星座うらない ……… 49

運勢や才能をチェック！
⭐ 手相うらない ……… 56

今につながるものは？
⭐ 前世うらない ……… 58

2章 恋のチャンスをつかむ

♥ スペシャルマンガ❷ ……… 66

心理テスト

1	ネコにリボンをつけるならどこ？ ……… 66
2	カナの1日 ……… 68
3	動物園でデート♥ ……… 71
4	さつえいの場所 ……… 73
5	主人公になるなら？ ……… 75
6	飛んでいるハトの数 ……… 77
7	にじが出た！ ……… 77
8	プレゼントのつつみ方 ……… 79
9	カレは○○系男子♥ ……… 82
10	レッツ！ ダンス♬ ……… 93
11	どこからぬる？ ……… 95
12	りんごを食べるのは？ ……… 95
13	スイーツもりあわせ♥ ……… 97
14	ふたりのトーク内容 ……… 99
15	おしゃべりの最後は？ ……… 99
16〜19	気になるカレにこっそりテスト① ……… 102
20〜21	気になるカレにこっそりテスト② ……… 106

うらない

どんな恋愛をするのかがわかる♪
⭐ **ラブナンバーうらない** ……… 109

カレの性格・アタック法がわかる♪
⭐ **血液型うらない〜カレ編〜** ……… 116

あこがれのカレとの相性がわかる♪
⭐ **トランプうらない** ……… 118

3章 友だちとのキズナを深める

💚 スペシャルマンガ❸ ……………………………… 120

心理テスト

1	友だちをフルーツにたとえると？ …………… 120
2	こんなとき、どっち？ ……………………… 122
3	お花のプレゼント …………………………… 125
4	海にもぐると？ ……………………………… 125
5	何に見える？ ………………………………… 127
6	人形のとなりに…… ………………………… 129
7	友だちのワンピース ………………………… 129
8	演劇の発表会！ ……………………………… 131
9	声をかけるなら…… ………………………… 131
10	ある放課後のできごと ……………………… 133
11~12	友だちといっしょにテスト① ……………… 136
13	友だちといっしょにテスト② ……………… 140

うらない

友だちが出てくる夢の意味がわかる♪
⭐ **夢うらない** …………………………………… 145

友だちともっと仲よくなれる★
⭐ **血液型うらない〜友だち編〜** ……………… 148

運気を上げて女子力アップ！

- 身だしなみを整えよう！ …… 27
- マナーを身につけよう♪ …… 46
- お部屋風水★ …… 48
- 恋にきくおまじない♥ …… 81
- 不思議な月のパワー☆ …… 92
- カラーでイメージアップ …… 101
- 友情を深める花言葉★ …… 135
- 「前向き言葉」でハッピー♪ …… 150

書いて！HAPPYに

- 自分のことがよくわかる♪
  my profile …… 62
- 幸運をひきよせる♪
  いいことノート …… 64
- あの子のことがもっとわかる♪
  友＆カレprofile …… 151
- 書きこむだけ!!
  願いがかなうノート …… 157

今日のラッキーアイテムの使い方

目をとじて、本の好きなページを開いてね。開いた左ページの下にある ★今日のラッキーアイテム をチェック！ そのアイテムが今日のあなたをよりラッキーにしてくれるよ♥ ラッキーアイテムがないページを開いた場合、もう一度やりなおしてね♪

キャラ紹介

仲よし3人組♥

ミドリ
たよれるアネゴはだ！ 男の子の友だちも多いよ。
🎂 8月4日生まれ
⭐ しし座　🩸 O型

アカリ
明るい性格。だけど、男の子の前だときんちょうしちゃう。
🎂 1月13日生まれ
⭐ やぎ座　🩸 A型

エリ
優しくておっとりしている女の子。マイペースだよ。
🎂 4月25日生まれ
⭐ おうし座
🩸 B型

ユウタ

アカリの好きな人。さわやかでクラスの人気者。
🎂 10月16日生まれ
⭐ てんびん座　🩸 O型

サラ

アカリのクラスの転校生。まだ友だちがいないみたい？
🎂 11月7日生まれ
⭐ さそり座　🩸 AB型

1章 知らない自分が見えてくる

自分のタイプって？　どんなおしゃれがにあうのかな？
今まで気づかなかったミリョクを発見できるかも★

あなたはどんなキャラ？

女子力アップのおしゃれコーデ♥

心理テスト 1 　女の子が泣いているよ。どうして？

- A　お母さんにおこられた
- B　友だちとケンカした
- C　おもちゃがこわれた

「んー……Bかなぁ」
「このテストでわかるのは……」

診断結果 1 　このテストでわかるのは　おすすめのきんちょうのほぐし方

A　おもしろいことを思い出す
最近あったおもしろいことを思い出して。いつの間にか、きんちょうをわすれているかも!?

B　ゆっくり深呼吸をする
目をとじて深呼吸★　そして、「いつもの自分」とゆっくりとなえて目を開けよう。

C　おまじないをする
手のひらに「人」という文字を3回書いて飲みこもう。心が落ち着いてくるよ。

スーハー
「リラックスしてきたかも」

「ねえ　ユウタくんっ」
「ん？」

話しかけられてよかったね★

心理テスト 2 — あなたはどっちを選ぶ？

自分の気持ちに近いほうの答えを選んで、書いてある番号に進んでね。深く考えずに決めるのがポイント★

スタート

1
どっちの動物が好き？

★ 元気なハムスター → 2 へ

★ おっとりしたウサギ → 3 へ

2
カフェでたのむなら？

★ チョコレートパフェ → 5 へ

★ プリン・ア・ラ・モード → 4 へ

3
プレゼントされてうれしいのは？

★ キラキラのネックレス → 4 へ

★ シックなうで時計 → 5 へ

4
自分の部屋にかざるなら、どっちの絵を選ぶ？

★ 夕焼けの海 → 6 へ

★ 自画像 → 7 へ

今日のラッキーアイテム　いちご　大きなチャンスがおとずれそう。朝食べると◎。

5
日本全国を旅するなら、どっちの乗りもので行く？

★ 電車 ➡ 6 へ
★ 車 ➡ 7 へ

6
友だちが待ちあわせにおくれるって。何をして待つ？

★ 本を読む ➡ 14ページ B

★ 音楽をきく ➡ 8 へ

7
どっちの力がほしい？

★ 未来のできごとがわかる力 ➡ 14ページ A

★ ちがう場所へすぐにワープできる力 ➡ 8 へ

8
1日だけ変身できるとしたらどっち？

★ あこがれの芸能人
➡ 14ページ C

★ だれにも見えないとうめい人間
➡ 14ページ D

1章 ★ 知らない自分が見えてくる

診断結果は次のページ！

診断結果 2

🌸 このテストでわかるのは 🌸
まわりから見たあなたのキャラ

自分が思っているキャラと、まわりのみんなが思っているあなたのキャラ、もしかしたらちょっぴりちがうところがあるかも!?

A みんなをまとめるリーダー

自分の意見をしっかり言える強さと、人を思いやる優しさをあわせもつあなたはリーダーとして、たよられているよ。でも、ひとりでかかえこまないようにね！

B いつもクール！相談役

どんなときも落ち着いているあなた。なやみなどがあると、あなたに相談する子も多いはず。日記をつけるなど、自分の気持ちとも向きあう時間をつくると◎。

C あこがれ！カリスマ的存在

にぎやかなタイプではないけれど、不思議とまわりの人から注目されるミリョクのもち主。たまにはみんなとワイワイはじけてみたら、もっと仲よくなれるよ！

D ユニークな不思議ちゃん

ほかの人が思いつかないようなセンスをもっているあなた。自分が大好きなものについて友だちと話してみると、おたがいに新しい発見がありそう♪

★今日のラッキーアイテム　ちょうちょう　見つけたら、いいことが起こりそう！

心理テスト 3 — 魔法をわすれる順番

あなたは修行中の魔女。新しい魔法を覚えるには、今覚えているものを1つずつわすれていかなきゃいけないんだって。どの魔法からわすれる？　順番に答えてね。

- A　空を飛ぶ
- B　自由に変身する
- C　ケガをなおす
- D　何でもつくれる

1章 ★ 知らない自分が見えてくる

診断結果は次のページ！

診断結果 3

🌸 このテストでわかるのは 🌸
大切にしているものの順番

魔法はそれぞれ、好きな人・自分・家族・お金をあらわしているよ。あとにわすれるものほど、あなたの中での優先度が高いよ。

A 好きな人

B 自分

C 家族

D お金

わすれる順番を、「D→A→B→C」にした人は、大切なものの順番が「C（家族）→B（自分）→A（好きな人）→D（お金）」ということだね♪

★今日のラッキーアイテム　ピンクのハンカチ　女子力が上がって、モテモテな1日に♪

心理テスト 4 池をながめていたら

お散歩のとちゅう、あなたは池の中に何かを発見したよ。A～Dの中から答えを選んでね。

 かめ

 光る石

 金魚

 なまず

1章 ● 知らない自分が見えてくる

心理テスト 5 みんなでハイキング

友だちといっしょに山に登るよ。あなたが最初にしたことは何かな？

 先頭に立って歩く

 地図を見る

 みんなの体調を聞く

診断結果は次のページ！

診断結果 4 — このテストでわかるのは **もって生まれたラッキー度**

ラッキー度が高くても低くても、今後どうなるかはあなた次第！ 運がアップする方法も教えるよ♪

A ラッキー度80％
スペシャルなラッキー運のもち主！ 感謝の気持ちをいつもわすれずにいようね★

B ラッキー度60％
実力と運のバランスがいいタイプ。その調子で努力を続けるとさらなる幸運が♪

C ラッキー度40％
ラッキーなことは、自分の力でもぎとる実力者！ もっと自信をもつと運がアップ。

D ラッキー度20％
自分には運がないと考えてない？ ラッキーなことに目を向けて行動してみて！

診断結果 5 — このテストでわかるのは **ピンチの乗りこえ方**

とつぜんのピンチ、あなたはどうする？
そんなときに、あなたがとる行動がわかるよ。

A 何事も行動あるのみ！
まずは体が先に動くタイプ。実際にいろいろと試していきながら、解決方法を見つけていくよ！

B 落ち着いて考える
まずは頭で考えるタイプ。どうやって解決するのがいいか、じっくり自分で考えてから、動きそう★

C だれかに相談する
まずは気持ちをわかってほしいタイプ。だれかとの会話の中で、自分なりの答えを出していくみたい♪

★今日のラッキーアイテム **四葉のクローバー** 超ラッキーなことが起こる予感♪

心理テスト 6 魔法使いのプレゼント

魔法使いがあなたにスペシャルな魔法のプレゼントをくれたよ。くれたのはどれかな？

A 読むだけで頭がよくなる本

B 食べても太らないスイーツ

1章★知らない自分が見えてくる

C おしゃべりができるペット

D はめただけでキレイになれる指輪

診断結果は次のページ！

診断結果 6

🌸 このテストでわかるのは 🌸

元気パワーのとりもどし方

魔法使いにどのスペシャルプレゼントをもらいたいかで、あなたにピッタリのストレス解消法がわかっちゃうよ！

A 人に相談する

ひとりでなやむのが苦手なあなた。家族や友だちなど、身近な人に話を聞いてもらうだけで元気回復！

B 大声を出す

とにかく声を出すようにしてみて♪ 大声でスポーツの応援をしたり、カラオケで歌ったりするとGOOD！

C 音楽をきく

落ちこんだときに、いやしてくれるものを求めるあなた。好きな音楽をきいて、気持ちを上げちゃおう★

D ひたすらねる

つらいときは、むずかしいことを考えたくないよね。おふとんでグッスリねむれば、元気いっぱいに！

★今日のラッキーアイテム　タオル　手をあらったあと、キレイにふくと◎。

心理テスト 7 お部屋をイメチェン♥

自分のお部屋の色が気にいらない！　好きな色に変えられるとしたら、どこから変える？　色をぬってみてね。

★章　知らない自分が見えてくる

 ソファ

 カーテン

 ベッド

 かべがみ

診断結果は次のページ！

診断結果 7

🌸 このテストでわかるのは 🌸

あなたのかくれたミリョク

お部屋のどこから色をぬりはじめたかで、あなたの奥底にある、かくれたミリョクがバッチリわかるよ。

A 人を楽しませられる

友だちが笑ってくれるのが何より大好きなあなた。いまいちな空気になってしまったときだって、頭のどこかにはそれを笑いとばすアイデアがうかんでいるはず。どんなときもユーモアをわすれないところが、あなたのチャームポイントだよ♪

B 積極性

クラスでひとつになってがんばる場面や、みんなで物事を決めるとき、ここ一番で意見を出せるのがあなたのかくれたミリョク。目立つのがはずかしいと思っていても、心の中ではいつもちゃんと自分の意見をもっているはず★

C がまん強さ

外から見た印象とは関係なく、あなたの中にかくされているのは、がまん強さ。あまり弱音をはかないことをまわりの人は意外とわかっていないかも。むずかしいことが立ちはだかっても、簡単にあきらめない強さ、それがあなたのミリョク！

D 人を見る目がある

おもしろい子、頭のいい子、おとなしいけど優しい子、まわりにいる子のそんなとくちょうをパッと感じとっちゃうのがあなたのいいところ。友だちのかくされたいいところを見つける力は、あなたにそなわったものだよ❤

★今日のラッキーアイテム　かがみ　魔よけの効果が♪　ピカピカにみがこう。

心理テスト8 小物をチェンジ！

あなたはスタイリスト。写真さつえいをしているモデルの小物を変えるとしたら、最初に何を変える？

- A ぼうし
- B イヤリング
- C バッグ
- D くつ

1章 ★ 知らない自分が見えてくる

診断結果は次のページ！

診断結果 8

🌸 このテストでわかるのは 🌸
あなたにピッタリのしゅみ

あなたのミリョクがアップするしゅみを紹介するよ♪
一生けんめいがんばったら、才能が花開くかも!?

A 芸術にふれる

美しいものの価値がわかるあなた。絵画やお芝居をたくさん見よう！ どこがステキだったのか自分の言葉で記録をつけておくと、さらに感性がアップ↑

B 歌や楽器えんそう

音楽のセンスがあるあなた。自分で目標を決めてから、好きな楽器を習ったり、歌を練習したりすると、グングン上達しそうだよ♪

C おかしづくり

家庭的なあなたには、あま〜いおかしづくりがＧＯＯＤ♥ まずはレシピどおりにつくって、基本をしっかりと身につけてみてね！

D ダンスやスポーツ

運動神経バツグンのあなたには、体を動かすしゅみがおすすめ。何かなやみごとがあっても、集中してトレーニングをすることで頭の中もスッキリ★

★今日のラッキーアイテム　バラの小物　あなたのミリョクがもっとアップするよ♥

心理テスト 9 教室で「ハイ、チーズ」

上と下の写真でちがうところが４つあるよ。２番目に気づいた、ちがうところはどこ？

1章 ★ 知らない自分が見えてくる

A 時計

B 女の子のヘアスタイル

C 先生のメガネ

D 教科書

診断結果は次のページ！

診断結果 9

🌸 このテストでわかるのは 🌸
成績アップの勉強法

あなたにおすすめの勉強法はコレだ！ 自分にあったやり方を知ると、勉強も楽しくなるよ★

A  ### 時間を決めてしっかり
集中力が足りなくて、気がつくと時間ばかりすぎているんじゃない？ 「この問題は10分でやる」などと決めて取りくんでみて。

B  ### 友だちといっしょに
ライバルがいたほうが燃えるあなた。得意な教科を教えたり、苦手な教科を教わったりして、いっしょに成績アップを目指すと◎。

C  ### 授業に集中しよう
関係のないことが気になって、授業の内容が頭に入っていないのかも。黒板に書かれている内容をノートに写して、お家で復習を★

D  ### 自分の好きな教科から
勉強モードに変わるまでに時間がかかりそう。好きな教科の簡単な問題からはじめて、テンションが上がってきたら苦手な教科にGO！

★今日のラッキーアイテム　ゆれるイヤリング　恋愛運アップ！　丸形だとさらに◎。

身だしなみを整えよう！

身だしなみを整えると、まわりの人にもいい印象をもってもらえて、運気アップにつながるよ★

いつでも笑顔！

笑顔にはいい運が集まってくるよ！　楽しいことをたくさん思い出してみよう。

おでこを出してみよう

ステキな出会いがあるかも♪　かわいいヘアピンなどを使ってね★

1章 ★ 知らない自分が見えてくる

姿勢は正しく

背すじをピンとのばして、あごを引き、肩の力をぬくとキレイに見えるよ♪

清潔なツメ

指先は運気の出入り口のひとつ。ツメが長すぎたり、よごれたりしているときはしっかりケアして★

すわるときも、ねこ背にならないように気をつけて。

お手入れされたくつ

よごれたくつは、運気ダウンのもと。こまめによごれをとってピカピカにしておこう。

実はわたし、○○なんです
～オモテ編～

このテストでわかるのは、本当のあなたの姿！　自分を見つめなおすいいチャンスかも★

心理テスト 10

スポーツ選手になる夢を見たよ。どんなスポーツかな？

- **A** バレーボール
- **B** 柔道
- **C** フィギュアスケート
- **D** マラソン

心理テスト 11

今日は休日！　遊びに行くならどこに行く？

- **A** 動物園
- **B** 図書館
- **C** テーマパーク
- **D** ショッピング

★今日のラッキーアイテム　バナナ　夜食べると、明日いいことが起こりそうだよ♪

心理テスト 12

学校の帰り道で、手帳が落ちているのを見つけたよ。
あなたならどうする？

A ふまれないように道のわきによけておく

B 交番にとどける

C もち主がわかるかもしれないから、開いて読んでみる

D 見なかったことにする

1章 ★ 知らない自分が見えてくる

心理テスト 13

雨がふってきたから、かさをさそう！
かさは、この間買ったばかり。どんなかさ？

A ピンクの水玉

B 青のストライプ

C 緑の無地

D キャラクターもの

診断結果は次のページ！

🌸 このテストでわかるのは 🌸
あなたの人気者度!

人に好かれたり、注目を集めたり……。
あなたの「人気の実力」はどれくらい？

 人気者ナンバーワン！ コミュニケーション力を高めて、だれからも好かれる人に♪

 みんなをかげから支えるあなた。友だちを大事にし続けると、人気運が向いてくるよ。

 実は目立つことが大好き!? 人を立てることもできれば、人気度はもっとアップ↑

 自分のいいところを、まわりに伝えきれていないのかも。どんどんアピールしよう！

🌸 このテストでわかるのは 🌸
あなたの元気度!

元気ハツラツ？ 少しおつかれ？
さて、今のあなたは……。

  ちょっぴりおつかれなのかも。がんばりすぎている自分を、ほめてあげよう。

  今日は自分だけのとっておきの場所で、心と体をゆっくり休ませてあげよう。

  まだまだ元気いっぱ～い！ でも、はしゃぎすぎてバテないように注意してね★

  今は心がとっても充実！ あなたは元気のコツをしっかりつかんでいるのかも♪

★今日のラッキーアイテム **大きなまど** 新鮮な空気を取りこんで気分アップ！

🌸 このテストでわかるのは 🌸
あなたのまじめ度！

手帳を見たあとの行動が、まじめ度の分かれ目！

  あなたはとっても誠実な人。考えこみすぎずに、リラックスすることもわすれずに♪

  まじめなだけではなく、人の上に立つリーダータイプ。クラス委員などにピッタリ★

  だいたんな行動をするあなた。でも、大事なポイントでのまじめさは人一倍だよ！

  真剣にやるときとやらないときの差があるみたい。ここぞというときはがんばろう！

🌸 このテストでわかるのは 🌸
あなたの女子力度！

選んだ色や模様で、あなたの女子力度がわかっちゃうよ。

  どんなときも女の子としての意識をもって行動するあなたは女子力100点満点♥

  だれといても楽しくすごしたい、そんなあなたはバランスがとれていて女子力も高め★

  相手を思いやる姿勢が、あなたの女子力ポイント。自分のことも大切にすると◎。

  自分の好みを優先させてしまうあなた。まわりをよく見て行動すると女子力アップ！

1章★知らない自分が見えてくる

実はわたし、○○なんです
～ウラ編～

知られざる一面がわかっちゃう！
人には見せないあなたの素顔、のぞいてみよう。

心理テスト 14

めがねをかけたこの女の子、いったいどんな子だと思う？

- **A** おしゃべりで明るい
- **B** おとなしいけれど、するどい
- **C** 頭がよい優等生タイプ
- **D** おっとりしているのんびり屋

心理テスト 15

こわ～いおばけ屋敷から出てきたあなた。友だちに感想を言うなら？

- **A** 「全然こわくなかったよ」
- **B** 「意外とフツー」
- **C** 「次はいっしょに入る？」
- **D** 「めちゃくちゃこわかった～」

★今日のラッキーアイテム　フレアスカート　心も体もリフレッシュできそうだよ♪

心理テスト 16

朝、一番で学校に着いちゃった！　ひとりで教室にいるとだれかがやって来たよ。だれかな？

- **A** 先生
- **B** 親友
- **C** 好きな人
- **D** 知らない人

1章 ★ 知らない自分が見えてくる

心理テスト 17

カレとのデート中、カフェでひと休み。
あなたはどんな飲みものをオーダーする？

- **A** ハーブティー
- **B** オレンジジュース
- **C** アイスコーヒー
- **D** メロンソーダ

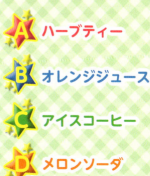

診断結果は次のページ！

診断結果 14

🌸 このテストでわかるのは 🌸
あなたの毒舌度！

会話中に毒をはいちゃっていない!? 実はあなたの辛口コメントに、みんなおどろいているかも。

  **25%** 人を信用しやすいあなた。キツイことを言うのも言われるのも苦手みたい。

  **75%** 思ったことをストレートに言うあなた。もう少し優しい表現を心がけると◎。

  **100%** 相手の痛いところをビシビシ指摘することに、気持ちよさを感じているのかも!?

  **50%** 毒舌と言うほどではないけれど、たま〜の辛口コメントが相手にグサリ……。

診断結果 15

🌸 このテストでわかるのは 🌸
あなたの二重人格度！

相手が変わると態度がコロッと変わる、おそろしい二重人格度をチェック！

  **75%** 自分でも気づかないうちに、相手によって態度を変えていることがありそう。

  **100%** 家族・先生・友だち・男の子の前で性格を使いわけるあなた。二重人格以上かも!?

  50% 場所や人にあわせて、話し方や行動を変えられるあなた。マナー上手みたいね★

  25% ウラオモテの少ないあなた。そのまま自分らしく、人とつきあっていくとGOOD♪

★今日のラッキーアイテム　アロマオイル　いいかおりがいい運気を運んでくれるよ♪

診断結果 16

このテストでわかるのは
あなたのワガママ度！

思いどおりにならないとイライラ！
あなたのワガママっぷりをチェック。

  50%　ほどよく意見が主張できるタイプ。もう少し、人の意見も素直に聞きいれられると◎。

  75%　自分の意見をおしつけてしまいがち。まわりの人の気持ちを考えるようにしてみて！

  100%　希望が通らないと、何が何でもイヤ！　あなたは生まれながらのワガママ娘！

 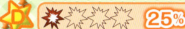 25%　自分をおさえすぎているのかも。たまには、思いっきりワガママを言ってもOK♪

1章★知らない自分が見えてくる

診断結果 17

このテストでわかるのは
あなたの小悪魔度！

恋のかけひきを楽しんで、たくさんの男の子をトリコにしちゃう……。そんな小悪魔度、あなたは何％？

  50%　小悪魔力とナチュラルさのバランスがいいあなた。どんな男の子にも好かれそう♪

  25%　あなたはストレートに勝負するタイプ！少しだけ女の子っぽさを出すのもいいかも。

  75%　小悪魔的なアピールをやりすぎず、さらっとしているのがあなたのミリョクだね★

  100%　小悪魔テクを自然に身につけているあなた。人をひきつけるオーラもバツグン！

心理テスト 18 — 女子力アップのおしゃれコーデ♥

次の5つの質問に答えてね。女子力がもっと上がる、あなたにピッタリのコーデがわかるよ！　選んだ番号の数をチェックをしてね。

ハンカチを1枚買うよ。どの柄にする？

1. 花柄
2. ストライプ（しま模様）
3. レースつき
4. 水玉模様

好きなハンカチを持っていると、1日気分がいいよね！

次の4つの中で、好きなかおりはどれ？

1. あまーいバニラのかおり
2. さわやかなせっけんのかおり
3. ふんわ〜り花のかおり
4. フレッシュなフルーツのかおり

バッグにつけるマスコット。次の4つの中からどれを選ぶ？

1. ハート
2. クマ
3. ファーのボンボン
4. ハリネズミ

お気に入りのバッグにあうのはどれかなあ？

★今日のラッキーアイテム　緑のまくら　落ち着いてぐっすりねむれるよ★

予定のない休みの日。何をしたい？

1. 料理やおかしづくり
2. ひとりでのびのびすごす
3. 家族とショッピング
4. 友だちとおしゃべり

あこがれのデートで行きたいのはどこ？

1. おしゃれなカフェ
2. 動物園
3. 映画館
4. 水族館

好きなカレとなら、どこでも楽しそう♥

あなたが選んだ答えで一番多かったのはどれ？

1. が多いあなたは **タイプ A** (38ページ)
2. が多いあなたは **タイプ B** (40ページ)
3. が多いあなたは **タイプ C** (42ページ)
4. が多いあなたは **タイプ D** (44ページ)

💚 数が同じになった場合は、どちらのタイプも見てみてね 💚

1章 ★ 知らない自分が見えてくる

診断結果 18

タイプ A のあなたにピッタリなのは ゆるふわガーリー

女の子らしいかわいいものが好きなあなた！　甘めの服装に身をつつむことで、気持ちまでふんわり優しくなれちゃうね。

ここをチェック1

素材感が大事！　うすくてふわっとした生地や、やわらかいトロンとした生地の服がおすすめ。レースつきもかわいいよ♥

ここをチェック2

フリルやリボンなどがついているだけで、女子力アップ！　優しい女の子らしさを引き立ててくれるよ。

ここをチェック3

コーデの一部に寒色系を取りいれると、スッキリした着こなしに。

ここをチェック4

あえてスニーカーやパンツにして、カジュアルダウンするのもGOOD！

★今日のラッキーアイテム　すず　ずっとさがしていたものが、近くで見つかりそう！

おすすめ♡ヘアアレンジ

ショート

ヘアワックスをつけて、毛先をクシュクシュすると動きが出てかわいいよ！

ミディアム・ロング

髪をふたつにわけて、耳のすぐ後ろでゆる〜く結ぶと、ガーリースタイルによくあうツインテールに♪

あなたがかがやく★アクセサリー

ハートモチーフのネックレス
かざりつきヘアゴム
リボンカチューシャ

服が甘めのときは、アクセサリーはシンプルなほうが引き立つよ。逆に服がシンプルな場合は、女の子らしいアイテムを取りいれると、ぐっとラブリーな雰囲気に！

おにあいカラーパターン

白×パステルカラー
ナチュラルなガーリースタイルが完成！

白×あわいグレー
甘さをおさえた大人テイストに♥

1章★知らない自分が見えてくる

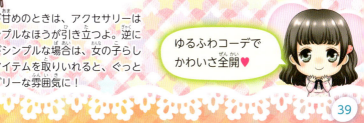

ゆるふわコーデでかわいさ全開♥

診断結果 18 タイプBのあなたにピッタリなのは ナチュラルな スウィートカジュアル

さっぱりしたかわいさが好きなあなた。かざらないおしゃれがあなたのミリョクをアップ！ 小物やヘアスタイルなどで、甘さをプラスしよう。

ここをチェック1

アクセサリーをつけて、キュートさをプラス！

ここをチェック2

ボーダーやチェックなどの定番柄でシンプルに♪ 柄物は、小物をふくめて3か所までにしよう！

ここをチェック3

ミニスカートやパンツで、スッキリとまとめよう。

ここをチェック4

上着×スニーカーやシャツ×くつ下など、上下で色をそろえると、コーデ上級者に！

★今日のラッキーアイテム 新しい歯ブラシ キレイな歯で元気にあいさつすると◎。

おすすめ♥ヘアアレンジ

ショート

ミディアム・ロング

片がわの髪を耳にかけてかざりピンでとめると、スッキリ知的な印象に★

ダウンスタイルがかわいい♥ 髪をていねいにとかして、ツヤ感を出してね。最後にカチューシャをプラスして。

あなたをかがやく★アクセサリー

バングルタイプのブレスレット

ビーズのかざりピン

シンプルなカチューシャ

カジュアルな服のときは、アクセサリーで甘さをプラス！ ブレスレットは、特にそでが短いコーデのときに大活躍♪

おにあいカラーパターン

白×カーキ
失敗なしのテッパンの組みあわせ！

黄色×水色
元気さの中にも、女の子らしさが光るよ。

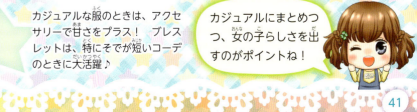

カジュアルにまとめつつ、女の子らしさを出すのがポイントね！

1章★知らない自分が見えてくる

診断結果 18

タイプ C のあなたにピッタリなのは
しっとりビューティエレガント

キレイなものが好きで、大人っぽいところのあるあなた。しっとり上品なレディコーデで、みんなのあこがれの存在に♥

ここをチェック 1
キレイめのトップスやワンピースで清楚な女の子のイメージに！

ここをチェック 2
すけ感のあるカーディガンをはおると、大人っぽい印象に。ノーカラージャケットをあわせても◎。

ここをチェック 3
おでかけのときは、小さめのバッグがだんぜんおしゃれ！

ここをチェック 4
フレアスカートでふんわり上品に！歩き方も自然とエレガントになるよ。

★ 今日のラッキーアイテム　カギ　ギュッとにぎりしめると、勇気がわいてくるよ。

おすすめ♡ヘアアレンジ

ショート

ミディアム・ロング

分けめを真ん中よりも左右どちらかにずらして、前髪をななめに流すとお姉さんっぽくなるよ♥

耳の上の髪をねじり、後ろでまとめてバレッタでとめると、おじょうさま風ヘアに★

1章★知らない自分が見えてくる

あなたがかがやく★アクセサリー

ふわふわシュシュ

キレイめのバレッタ

イニシャルネックレス

シュシュやバレッタは服にあわせて、いくつかそろえておくと便利！ エレガントなアクセサリーはひとつもっていると、コーディネートのアクセントになるよ。

おにあいカラーパターン

 ×

ピンク×ワインレッド
落ち着いた優しいイメージになるよ♪

 ×

ミント・グリーン×グレー
さわやかなエレガント感を演出★

大人かわいい感じがGOOD！

診断結果 18 ― タイプ D のあなたにピッタリなのは

元気はつらつポップ

見ているだけで元気になるような色や小物が好きなあなた。ポップな色のコーデで、カッコいい&キュートな女の子を目指そう！

ここをチェック1

キャップやニット帽は、かぶるだけで小顔に見える魔法のアイテム。ニット帽は浅めにかぶってね。

ここをチェック2

大きなロゴや模様が入ったトップスや上着がキュート！

ここをチェック3

ミニ丈ボトムで、アクティブな印象を出そう！ 柄物のスパッツをはいても◎。

ここをチェック4

色数をしぼると、ハデでもまとまりが出ておしゃれに！

★今日のラッキーアイテム　**ドット柄のくつ下**　なやんでいたことが一気に解決しそう♪

おすすめ♡ヘアアレンジ

ショート

ミディアム・ロング

片がわの髪をひとつ結びに。活発で明るいイメージに★

頭の後ろでひとつにまとめた髪を高めのポニーテールにすると、スポーティなかわいさに。ヘアワックスをつけると髪がきっちりまとまるよ！

1章 ★ 知らない自分が見えてくる

あなたがかがやく★アクセサリー

ビビッドな色のヘアゴム

ハートのバレッタ

大きめイヤリング

ヘアゴムは、服にあわせたビビッドな色がおすすめ。大きめのかざりつきがかわいいね。アクセだと、あざやかな色でも取りいれやすいよ！

おにあいカラーパターン

 ×

赤×青
コーデの中心になるよ！

 ×

ハデ色×黒
初心者にもまねしやすい最強カラー♪

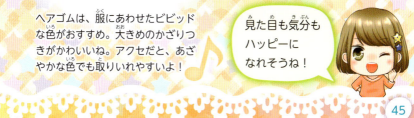
見た目も気分もハッピーになれそうね！

マナーを身につけよう♪

きちんとしたマナーやふるまいを身につけていると、自然といいオーラがにじみ出てハッピーに♪

お食事マナー編

みんなが気持ちよく食事をするためのマナーを知ろう★

★ 正しいおはしのもち方

上のおはし
人さし指と中指ではさみ、親指をそえる。

下のおはし
親指のつけねと薬指で支えて、動かないようにする。

★ こんなはしづかいはNG!!

NG さしばし
料理にはしをつきさす。

NG はしわたし
食べものをはしからはしでわたす。

NG ねぶりばし
はし先をなめる。

★ 食べるときもマナー美人！

ひと口ずつゆっくり

口に入るサイズを考えよう。よくかむことも大切だよ。

おしゃべりはひかえめに

食事は楽しく♪ でも、口に食べものが入ったまましゃべるのはNG！

のこさず食べよう

つくってくれた人のことを考えてみてね。「ごちそうさま」もわすれずに。

★今日のラッキーアイテム　ピンキーリング　ワクワクするような出会いがありそう★

およばれマナー編

「また遊びに来てほしいな」と思われるマナーを身につけよう♪

♥ 約束をしてから遊びに行こう

友だちのお家に行く前は、必ず約束をして、友だちのお家の人に行っていいか、確認をとってもらおう。自分のお家の人にも伝えようね。

♥ キチンとあいさつしよう

「おじゃまします」「ありがとうございます」など、あいさつは笑顔で元気に！
何かごちそうになったときは、「ごちそうさまでした」のお礼もわすれずに。

♥ くつをそろえよう

くつをぬいだら、げんかんに上がってからキレイにそろえよう。もし友だちのくつがバラバラになっていたら、そろえてあげてね♪

♥ 何かするときは、確認しよう

トイレに行くときや、物を借りるときは、お家の人に聞いてからにしよう。用のない部屋のドアや、冷蔵庫を勝手に開けるのはマナーいはんだよ。

お部屋風水☆

いい運気をお部屋に取りいれよう！　自分のお部屋で簡単にできる風水を紹介するよ♪

整理せいとんを心がけよう。いらなくなった物はすてること。

太陽が出ているときは、光がさしこむようにしよう！　カーテンは明るい色がおすすめ。

ゆかの上に、物を置いたままにするのはNG。いつでもキレイな状態にしておこう。

つくえの向きは、ドアに背を向けない配置にすると集中力アップ↑

ぬいぐるみをベッドの上に置くときは、1～2こまでにするといいよ。

できることからやってみよう★

★今日のラッキーアイテム　シール　お気に入りを1枚もち歩くとミリョクがアップ↑

自分の性格・未来がわかる♪
星座うらない

星座うらないは、自分が生まれたときに太陽がどこにあったかで、性格や運命がわかるうらないだよ。おすすめの職業も紹介するよ♪

あなたの星座はどれかな？

おひつじ座
3月21日〜4月19日
(→50ページ)

てんびん座
9月23日〜10月23日
(→53ページ)

おうし座
4月20日〜5月20日
(→50ページ)

さそり座
10月24日〜11月22日
(→53ページ)

ふたご座
5月21日〜6月21日
(→51ページ)

いて座
11月23日〜12月21日
(→54ページ)

かに座
6月22日〜7月22日
(→51ページ)

やぎ座
12月22日〜1月19日
(→54ページ)

しし座
7月23日〜8月22日
(→52ページ)

みずがめ座
1月20日〜2月18日
(→55ページ)

おとめ座
8月23日〜9月22日
(→52ページ)

うお座
2月19日〜3月20日
(→55ページ)

1章 ● 知らない自分が見えてくる

ドキドキの結果が!?

おひつじ座 (3月21日〜4月19日)

曲がったことが大きらい！ 正義感が強く、行動力バツグンのあなた。明るくはつらつとしていて存在感があるので、自然とまわりに人が集まってくるよ。幸運をつかむためには、前に前に進んでいこう！

意外な一面

熱しやすく冷めやすいので、長続きしないことが多いよ。小さな目標をたくさん立てるようにするとやる気を保てるよ。

向いている職業

- ♥ アナウンサー
- ♥ スポーツ選手

はなやかで活気あふれる職業がピッタリだよ♪

おうし座 (4月20日〜5月20日)

落ち着いていて、マイペース！ 努力をコツコツと積みかさねて成功をつかむことが多いよ。いつもニコニコしていておだやかだから、まわりの人はあなたを見ると安心するみたい。芸術的な才能もアリ！

意外な一面

自分の意見を曲げず、まわりに「ガンコすぎる」と思われているかも。友だちの考えにも耳をかたむけるようにしてみよう♪

向いている職業

- ♥ ファッションデザイナー
- ♥ 花屋

豊かな感性をいかせる職業が◎。

★今日のラッキーアイテム　シュシュ　うでにつけても、髪をまとめても楽しくなる♪

ふたご座 (5月21日〜6月21日)

好奇心おうせいなあなた。情報を集めるのが得意で、何をするにも事前準備はバッチリ！ また、表情や仕草から相手の考えを読みとる観察力もバツグンだよ。おしゃべり好きで、ユーモアのセンスもあるから、クラスの人気者に★

意外な一面
軽い気持ちで発言してしまって、友だちからの信用を落としてしまうことも。言う前に相手がどう思うか、考えてみるといいかも。

向いている職業
- ♥ 新聞記者
- ♥ キャビンアテンダント

頭の回転のはやさをいかそう！

☆章★ 知らない自分が見えてくる

かに座 (6月22日〜7月22日)

めんどう見がよく、こまっている人をほうっておけない優しい性格。人なつっこいので、まわりの人から好かれるよ。自分の感情を大切にして行動するので、気持ちが顔にはっきり出ることが多いみたい♪

意外な一面
仲よしの友だちがほかの子と遊んでいるだけで、ヤキモチをやくことが。みんなでいっしょに楽しもうという気持ちをもとう★

向いている職業
- ♥ ペットトリマー
- ♥ 保育士

めんどう見のよさをいかせる仕事がおすすめ。

しし座 7月23日〜8月22日

太陽のように明るく、はなやかな雰囲気のあなた。リーダーシップがあるので、自然と先頭に立ってみんなをひっぱっていくのが得意。だいたんに行動するかと思えば、慎重に作戦を立てる一面もあるみたいだよ。

意外な一面

自分が一番でないとイヤで、ほかの人が注目されるとモヤモヤ……。そんなときは「自分は自分♪」ととなえて落ち着こう！

向いている職業

- ♥教師
- ♥女優

人前に立つ仕事だと、力を十分にはっきできそう。

おとめ座 8月23日〜9月22日

細かいところまで気を配り、ほかの人の気持ちを考えて行動するあなた。おだやかで、せんさいな心をもっているよ。責任感が強く、決められたことは確実にやるので、まわりからたよられることが多いみたい。

意外な一面

自分では気づかないうちに、キツイことを言って相手をきずつけているかも。ふだんから、「優しく話すこと」を意識してみて★

向いている職業

- ♥建築士
- ♥秘書

細かい計算や作業がある職業だと、よさをいかせるよ♪

今日のラッキーアイテム　ネコのポストカード　みんなに声をかけられ人気者に！

てんびん座
9月23日〜10月23日

まわりの人とのバランスを上手にとって、その場の雰囲気を大切にしつつ、自分の意見もきちんと伝えられるよ。社交性もバツグンで、新しい友だちもどんどんできちゃう！　美的センスもバッチリで、おしゃれな人が多いよ♪

意外な一面
みんなからよく思われようとして、つい見栄をはったり八方美人になったり……。もっと自分に自信をもってＯＫだよ！

向いている職業
- モデル
- 美容師

センスのよさをいかせる仕事がピッタリだよ。

さそり座
10月24日〜11月22日

物事に慎重に取りくむ、ねばり強い性格だよ。自分の感情をあまり表情に出さないタイプで、「クールな子」と思われがちだけど、心の中にはアツイ気持ちが！　一度信頼したら、深く長いつきあいをはぐくみそう。

意外な一面
好ききらいがはっきりしていて、きらいな人にはすごーく冷たい態度をとってしまいがち。だれに対しても笑顔をわすれずに♪

向いている職業
- 医者
- マンガ家

ひとつのことをきわめる仕事が向いているよ！

1章 ★ 知らない自分が見えてくる

いて座 11月23日〜12月21日

だれに対しても明るく、おおらかな態度のあなた。新しい環境にもすぐに慣れて、自分からどんどん話しかけていくから、まわりにはいつでも友だちがたくさんいるよ。自分の興味があることには、トコトン熱中するみたい！

意外な一面
自分のやりたいことを自分勝手にやって、まわりがついていけないことも。まわりの様子をよく観察してみるといいかもね★

向いている職業
♥ 通訳
♥ バスガイド

いろんな人と関われる仕事だと、あなたのよさをいかせそう。

やぎ座 12月22日〜1月19日

まじめで、じっくり考えて行動するタイプ。目標に向かってしっかり進んでいく強さがあるよ。ひかえめで自分から前に出ることはあまりないけれど、いざというときには思いきった判断をするから、たよりになるよ。

意外な一面
過去の失敗にこだわって、気持ちの切りかえができないことも。そんなときは、楽しいことを考えてみるとGOOD♪

向いている職業
♥ 薬剤師
♥ 政治家

まかされたことは確実にやりとげ、信頼されそう！

★今日のラッキーアイテム　うで時計　おもしろいアイデアがどんどんわいてくるよ♪

みずがめ座 1月20日〜2月18日

自分の意見をしっかりもっていて、おもしろいアイデアをたくさんうみ出すのが得意！流行にビンカンで、自分らしいおしゃれを楽しむ人が多いみたい。いろんな人と友だちになるのが上手で、交友関係は、はばひろいよ。

意外な一面

「自分だけが正しい」と思いこんでしまいがち。相手の意見を聞いてみると、もっとおもしろい考えがうまれるかも！

向いている職業

❤ テレビプロデューサー
❤ インテリアコーディネーター

あなたならではの発想力をいかそう♪

うお座 2月19日〜3月20日

いつもだれかのために一生けんめいになる、優しい性格のあなた。細かいことにまでよく気がつき、ほかの人の気持ちを読みとるのが得意だよ。また、感情表現が豊かで、ロマンチストな人が多いみたい！

意外な一面

ゆうじゅうふだんなところがあるかも。「3秒以内に決める」「決めたらまよわない」など、自分なりのルールをつくってみて★

向いている職業

❤ 看護師
❤ エステティシャン

相手の気持ちを考えて、役に立てる仕事がピッタリ。

★章★ 知らない自分が見えてくる

運勢や才能をチェック！
手相うらない

手のひらにきざまれた線を見て、運勢や才能を判断するうらないだよ。
両方の手をチェックして、はっきり線が見える手を選んでね♪

基本の手相を見てみよう！

A 生命線
健康状態やエネルギーの強さがわかるよ。線のこさをチェック！

● **こくてはっきり**
活力にみちあふれていて、エネルギッシュ！

● **うすくて細い**
せんさいな体質。カゼをひきやすいので注意！

B 感情線
感情の豊かさや表現の仕方をあらわしているよ。線の形をチェック！

● **まっすぐな直線**
ウラオモテがない。クールな雰囲気に見られがち。

● **なだらかなカーブ**
思いやりがあり、だれにでも親切なタイプ。

C 頭脳線
才能や、向いている仕事などがわかるよ。頭脳線と生命線の関係をチェック！

● **○がはなれている**
頭で考えるより先に行動するパワフルなタイプ。

● **○がくっついている**
何事にも慎重で、コツコツと努力するタイプ。

★今日のラッキーアイテム　ハート型のボタン　かわいらしさがアップ。モテモテに♥

これがあったら、スゴイかも!?

★スター線

薬指の下にのびる長めのタテ線

だれもがみとめる人気者！ あなたのよさをさらにひきだしてくれる人に出会えそう★

★願いがかなう印

人さし指の下に「＊」があらわれる

夢が実現するチャンスが近い！ 発表会やコンテストでは、いい結果が出せそう♪

★モテ線

人さし指から薬指の下に出るカーブの線

男の子をひきつけるオーラが出ているよ♥ ふたり以上から愛されちゃうことも!?

★お金持ち線

小指の下に出る短めのタテ線

はっきりとまっすぐな線が出ていれば、お金に不自由しないよ♪

番外編 ツメの形で性格がわかる♪

あなたの人さし指のツメはどんな形？ 近いものを見てみてね。

❶ 全体的に四角い

マイペースだけど、ねばり強さは人一倍！

❷ タテに細長い

優しいタイプ。芸術的な才能をもっているかも♪

❸ 丸っこい、たまご型

あいきょうがあって、サービス精神もおうせい★

1章 ★ 知らない自分が見えてくる

今につながるものは？
前世うらない

あなたは前世で何をしていたのかな？ もしかしたら、今の性格は前世から受けついだ部分があるかも……!?

「前世」とは……

あなたが生まれる前に生きていた人生のことを言うよ。もしかしたら、今のあなたとは住んでいる場所や性格、性別もちがうかもしれないね。ちなみに、今生きている人生のことは「現世」と言うよ。

Q1～Q6の質問に答えていこう。
最後に、得点表を見て合計点を計算してね。

Q1 何月生まれ？
- Ⅰ 1月、4月、7月、10月
- Ⅱ 2月、5月、8月、11月
- Ⅲ 3月、6月、9月、12月

Q2 霊感は強いほう？
- Ⅰ わりと強い
- Ⅱ ちょっとある
- Ⅲ 全然ない

Q3 音楽をきくのが好き？
- Ⅰ 大好き！
- Ⅱ ふつう
- Ⅲ ほとんどきかない

★今日のラッキーアイテム　水色の下じき　友だちと楽しい約束ができそう★

Q4 夢をよく見る？
- Ⅰ ほぼ毎日見る
- Ⅱ 毎日ではないけれど、よく見る
- Ⅲ ほぼ見ない

Q5 チョコレートが好き？
- Ⅰ とても好き
- Ⅱ ふつう
- Ⅲ そうでもない

Q6 じゃんけんは強いほう？
- Ⅰ わりと強い
- Ⅱ ふつう
- Ⅲ 弱い

1章 ★ 知らない自分が見えてくる

得点表 ★Ⅰは5点、Ⅱは3点、Ⅲは1点で計算してね。

	Q1	Q2	Q3	Q4	Q5	Q6
あなたの答え						
点数	点	点	点	点	点	点

合計は 　　　点

- ★6〜9点 → 60ページ Ⓐ
- ★10〜13点 → 60ページ Ⓑ
- ★14〜17点 → 60ページ Ⓒ
- ★18〜21点 → 61ページ Ⓓ
- ★22〜25点 → 61ページ Ⓔ
- ★26〜30点 → 61ページ Ⓕ

A　あなたの前世は　うらない師

毎日大勢の人をうらなっていたよ。よく当たると評判で、王様の専属になるように言われたけれど、「人びとのことを大切にしたい」と、ことわったよ。多くの弟子から尊敬されたみたい。

現世にあたえる影響　こまっている人をほうっておけない性格が、あなたに受けつがれているのかも。人の気持ちがよくわかるので、相談されることが多いよ。

B　あなたの前世は　冒険家

未知の世界への好奇心が強く、いろいろな国を旅したよ。ときには嵐にあい、猛獣におそわれるなどあぶない目にもあったけれど、まだ見ぬ世界を求めて、旅を続ける一生だったよ。

現世にあたえる影響　だれとでも仲よくなれるところは、冒険家の好奇心おうせいさからきているのかも!?　海外にも興味をもちやすいみたい♪

C　あなたの前世は　戦士

小さな国のゆうかんな戦士。次つぎと敵をたおしていって、国の人びとを守っていたよ。最後まで立派に戦いぬき、人びとからヒーローとしてたよられていたみたい！

現世にあたえる影響　競争心が強くてライバルがいると、よりがんばれるのかも。仲間思いの戦士のように、あなたも仲間をとっても大切にするみたいだよ。

今日のラッキーアイテム　ボーダーのクッション　心によゆうができそうだよ♪

D あなたの前世は **おどりこ**

セクシーなダンスと美しい容姿で、たくさんの男性をトリコに♥ キレイでいることへの努力をおしまなかったみたい。モテすぎて、ハプニングにまきこまれることもあったとか……。

現世にあたえる影響 女子力が高く、いつも恋をしているのは、おどりこのとくちょうそのまま!? 音楽が好きで、楽器やダンスの才能があるかも♪

E あなたの前世は **王族**

とてもお金持ちで、毎日パーティがある大きなお城に住んでいたよ。身分がちがう恋人がいたけれど、親が決めた相手と結婚することになり、本当に好きな人とは結ばれなかったみたい。

現世にあたえる影響 ごうかな生活をしていた貴族のように、おいしいものや美しいものを見つけるのが得意！ 恋人ができたら、とっても大切にするよ。

★章★ 知らない自分が見えてくる

F あなたの前世は **大スター**

あなたのことを知らない人はいない！ というくらいの大人気のスター。歌と演技がうまく、海外でも公演していたみたい。ファッションセンスもバツグンでモデルとしても活躍したよ。

現世にあたえる影響 たくさんの人をひきつける不思議なミリョクは、まさにスターそのもの。想像力が豊かで、芸術の才能をひめているよ。

心理テストやうらないで、知らない自分が見えてきたかな？ 今の自分のことをまとめてね♪

名前

生年月日 　年　　月　　日

星座 　　座　**血液型** 　型

▲自分の写真やにがおえ

しゅみ

とくぎ

最近見た夢は…

…している夢！

♥ **恋のしつもん** ♥

自分はモテるほう？
Yes・No

告白したことがある？
Yes・No

はやく結婚したい？
Yes・No

今、好きな人がいる？
Yes・No

★今日のラッキーアイテム　とうめいのじょうぎ　テストでいい点がとれるかも！

好きなものコーナー

色	食べもの	テレビ番組

ファッション	芸能人	教科

心理テスト＆うらないの結果は……

★わたしのキャラは ＿＿＿＿＿＿＿＿＿＿ で、
（14ページ）

　ピッタリのおしゃれは ＿＿＿＿＿＿ だった♥
（38〜45ページ）

★実はわたし、人気者度 ＿＿％、女子力度 ＿＿％、
（30〜31ページ、34〜35ページ）

　ワガママ度 ＿＿％、小悪魔度 ＿＿％なんです。

★向いている職業は ＿＿＿＿・＿＿＿＿！
（50〜55ページ）

★前世は ＿＿＿＿＿＿ だったみたい★
（60〜61ページ）

2ページで書いた答えとくらべてみよう！ちがいはあったかな？

幸運をひきよせる♪ いいことノート

うれしいことを考えたり、感謝したりしていると、ラッキーがよってくるよ♪

今日1日で、どんないいことがあったかな？小さなことでも、書きだしてみよう！

- 例1 ● きらいなおかずを全部食べられた。
- 例2 ● 〇〇ちゃんといっしょに遊んだ。

●
●
●
●
●
●
●

いいことノートをつくって、1日に3つずつ、毎日よかったことを書きだすとさらにラッキー度アップ♥

☆今日のラッキーアイテム　おうかんモチーフのもの　目標を達成できそうな予感★

2章 恋のチャンスをつかむ

気になるカレのこと、もっと知りたい！
カレのことはもちろん、自分の恋愛傾向もわかっちゃう♥

カレは○○系男子！

次のモテ期はいつ？

カレとの相性をうらなってみよう

心理テスト 2 — カナの1日

わたし カナ

カナのある1日だよ。カナになりきって、1～7まで順番に答えよう！

1 おはよう！　朝起きて、最初に見たものは？
- A 家の人
- B 時計
- C ぬいぐるみ

2 学校に行くとちゅう、見かけた生きものは？
- A ネコ
- B 犬
- C とり

3 今日は親友が学校を休むんだって。理由は？
- A ずる休み
- B 頭が痛い
- C かぜをひいた

4 教科書をわすれちゃった！　となりの子とはあまり話したことがないけど、何て言って、教科書を見せてもらう？
- A 「あれ？　かばんに入れたはずなんだけどな〜」と言ってチラチラ見る
- B 「お！　見せてあげたいって顔してる！」と強引によっていく
- C 「わすれちゃったから見せてもらえる？」とていねいにたのむ

★今日のラッキーアイテム　とり肉料理　金運アップ！　おこづかいがもらえるかも★

5 給食の時間！ 今日の給食のメイン料理はなーんだ？
- A ラーメン
- B 中華丼
- C ハンバーグ

6 水飲み場にあった、落としものは？
- A ハンカチ
- B メガネ
- C カギ

7 そうじの時間！ たんとうの場所はどこ？
- A 体育館
- B 教室
- C トイレ

2章 ♥ 恋のチャンスをつかむ

自分の答えのところの点数を確認して、それを全部足してみてね！

	A	B	C
1	2	1	3
2	1	2	3
3	3	2	1
4	2	3	1
5	3	1	2
6	2	1	3
7	1	3	2

- 7〜10点 → A タイプ
- 11〜14点 → B タイプ
- 15〜18点 → C タイプ
- 19〜21点 → D タイプ

どんな結果かな

診断結果は次のページ！

診断結果 2

🌸 このテストでわかるのは 🌸
あなたと相性がいいタイプ

自分と相性がいい男の子って、どんなタイプかな？
ドキドキの結果をチェック♥

A 元気ハツラツタイプ

根がまじめなあなたには、どんなときでもどうどうと発言するような元気いっぱいのカレが◎。話したがりのカレと聞き上手のあなたで、会話がはずみそう♥

B リーダータイプ

いやし系のあなたは、クラスのみんなをひっぱるリーダー的なカレと相性バツグン！ カレにとってあなたは、いっしょにいてホッとできる女の子みたい♪

C 大人っぽいタイプ

あなたの明るくて正直なところが、カレのクールで落ち着いた性格にうまくハマりそう。物知りのカレに知らないことを教えてもらうと、キョリがちぢまるよ★

D ミステリアスなタイプ

マイペースなあなたには、何を考えているかわからないミステリアスなカレが一番！ 一度あなたに心を開けば、何でも話しあえて信頼できる仲になれそう。

★今日のラッキーアイテム　ぼうし　イライラがおさまって、リラックスできる♪

心理テスト 3 動物園でデート♥

カレと動物園デートを楽しむあなた。左と右の絵にはちがうところが4つ。最初に見つけたのはどれ？

左

右

2章♥恋のチャンスをつかむ

 キリンの向き

 ライオンの目

 おりの模様

 女の子の服の模様

診断結果は次のページ！

診断結果 3

🌸 このテストでわかるのは 🌸
あなたの恋愛模様

気になるカレと、もっと仲よくなれたら……♥ あこがれのカップルになれたら……♥ あなたがどんな恋愛をするのか、教えちゃうよ♪

A 仲よし！友だちノリ

カップルになっても、友だちのときとほとんど変わらないふたり。みんなといっしょに遊ぶのが大好き！ でも、あんまりきんちょう感のない関係だと、しげきがなさすぎるかも……。誕生日など、記念日はわすれずにお祝いしよう★

B おだやかな恋

いっしょにいるとやわらかな雰囲気になる、落ち着いた恋愛ができそうなあなた。女子としての意識も高いあなたなら、しっとりした大人っぽい恋になるはず。いっしょにいて落ち着かないようなら、もしかして運命の相手ではないのかも!?

C ドラマチックな恋

おたがいがドーンとぶつかりあうような恋愛をするあなた。好きなのになかなか素直になれなくて、山あり谷ありの道のりだけど、思いが通じあったときの喜びは人一倍！ ドラマみたいな、もり上がる恋愛ができそうだよ。

D ヒミツの恋

友だちが好きな男の子が実はあなたを好きで、あなたもカレが好き、そんなだれにも言えない恋愛をしそう。でもヒミツのおつきあいは、いずれ友だちをきずつけることになってしまうかも。できれば最初から、まわりに話しておくほうがよさそう！

★ 今日のラッキーアイテム　フルーツ柄の服　パワーみなぎる1日になりそう！

心理テスト 4

さつえいの場所

あなたはモデル！今日の写真のさつえい場所はどこ？
A〜Dの中から選んでね。

A 花だんのそば

B 海

2章♥恋のチャンスをつかむ

C 街の中

D さつえいスタジオ

診断結果は次のページ！

診断結果 4

🌸 このテストでわかるのは 🌸
こんな男の子に好かれやすい！

選んださつえい場所で、あなたがどんな男の子に好かれるかがわかるよ。

A 年上のカレ

甘え上手なあなたは、年上のカレに好かれやすいよ。「守ってあげたいな」と思わせる、妹のような雰囲気をもつあなたにカレはメロメロなのかも。あなたのことをいつも優しいまなざしで見ている男の子がいたら、もしかすると……♥

B 同級生のカレ

あなたは同級生の男の子に人気があるよ。年が同じで、どんなことでもいっしょに楽しめるところがいいみたい。素直で前向きなあなたと話していると元気が出てくるから、もっといっしょにいたいなって思う男の子が多いみたいだよ★

C 年下のカレ

みんなをひっぱっていくアネゴはだのあなたは、弟みたいな男の子をひきよせちゃうみたい♪あなたのことをいちずに思ってくれるよ。あなたによく相談してきたり、たよってきたりする男の子がいたら、もしかしてそれは恋のアプローチかも♥

D いろんなタイプのカレ

年は関係なく、とにかくいろんなタイプの、たくさんの男の子から好かれるあなた。気づかないけれど、実は……ということもありそう。まわりに流されず、ちょっぴりミステリアスな雰囲気のあなたに、ミリョクを感じている子が多いのかも♪

★ 今日のラッキーアイテム　デニム　運動能力がアップ↑　キレイめなタイプが◎。

心理テスト 5 　主人公になるなら？

お話の世界に入れる、不思議な力を手にしたあなた。
どのお話の主人公になってみたい？

A シンデレラ

B かぐや姫

C 人魚姫

D 赤ずきんちゃん

2章 ♥ 恋のチャンスをつかむ

診断結果は次のページ！

診断結果 5

このテストでわかるのは
あなたの恋の落ち方

あなたが、胸きゅんする恋の落ち方がわかっちゃうよ！こんなシチュエーションになったら、ドキドキの恋がはじまるかも……♥

A 学校で……♥

1日のほとんどをいっしょにすごすクラスメートの男の子に「いつもがんばってるよな」なんて声をかけられると、恋に落ちちゃうかも！ あなたは自分の努力をみとめてもらえると、ついうれしくなっちゃうタイプみたいだよ。

B 習いごとの教室で……♥

仲よくなるまでに、ちょっと時間がかかるあなた。習いごとで、上達がはやい男の子にあこがれているのに声がかけられない、そんなせつない片想いをしてしまいそう。上達のコツなどを聞いて、会話のきっかけをつくっていこう♪

C 遊んでいるときに……♥

好奇心いっぱいで、楽しいことが大好きなあなた。友だちだと思っている男の子と遊んでいるうちに、「もっといっしょにいたいな」なんて思いはじめて、その子のことを意識しちゃうかも!? ときどき、ふだんとはちがうあなたを見せてみて♥

D 登下校のときに……♥

登下校のときに、いつも見かける男の子のことが気になってきそう。たとえ名前や性格を知らなくても、その子の雰囲気にビビッときて、つい目で追っちゃうことも……★ 仲よくなるために、思いきってあいさつしてみよう。

★今日のラッキーアイテム　レースのリボン　気になるカレと急接近できるかも!?

心理テスト 6 　飛んでいるハトの数

ふと空を見上げると、ハトが飛んでいたよ。
何羽いたかな？　下に自由にかきこんでね。

2章 ♥ 恋のチャンスをつかむ

心理テスト 7 　にじが出た！

ハトが飛んでいったあと、にじが出たよ。それはハトが
飛んでいってから何秒後？　思いつく数字を答えてね。

診断結果は次のページ！

診断結果 6

🌸 このテストでわかるのは 🌸
あなたを意識している男の子の数

ズバリ、今あなたのことを意識している男の子が何人いるかわかっちゃうよ★

空を飛んでいるハトの数は、今あなたのことを意識している男の子の人数をあらわすよ。1羽と答えた人はひとり、10羽と答えた人は10人！ もしかしたら、あなたが気づいていないうちに、男の子からアツ〜イ視線をおくられているのかも……♥

診断結果 7

🌸 このテストでわかるのは 🌸
次のモテ期

モテ期は人生に3回あるといわれているよ。あなたの次のモテ期はいつかな？

にじが出るまでの秒数は、あなたの次のモテ期までの年数をあらわすよ。2秒と答えた人は、2年後にモテモテな時期がきてこまっちゃうかも!? 答えが何十年も先になった人は……それまでに自分をみがいて、女子力をうーんとアップさせておこう★

★今日のラッキーアイテム　ケーキ　つかれが飛んでいって、元気が回復するよ！

心理テスト 8 プレゼントのつつみ方

気になるカレに手づくりクッキーをプレゼント！
さて、どうやってラッピングする？

2章 ♥ 恋のチャンスをつかむ

A 箱

B キャンディー風

C 紙ぶくろ

D とうめいなふくろ

診断結果は次のページ！

診断結果 8

🌸 このテストでわかるのは 🌸
あなたのモテ度

あなたの、男の子にモテる資質はどれくらい？
モテ度アップのアドバイスも要チェック！

A  69%

ほどよくモテるあなた★　男の子とも気軽に話せるから、相手も楽しいみたい。ただ、「友だちとしてならいいけど……」と思われがちなので、女の子らしさをわすれないで。

モテ度アップアドバイス
たまには髪型を変えて、ふだんとのギャップを意識！

B 85%

トップクラスのモテ度！　自分でもモテる自覚があるかも？　まわりの男の子はあなたのことをほうっておかないはず。友だちから恋愛相談をされることも多いみたい♪

モテ度アップアドバイス
ドアを開けるときに両手を使うなど、小さな仕草をていねいに❤

C  41%

努力次第でモテモテになるタイプだよ。今は、あなたの自信のなさが男の子に伝わっているのかも!?　まずは、リラックスして笑顔であいさつすることからはじめてみよう！

モテ度アップアドバイス
自分にあうおしゃれを研究して、自信をつけよう！

D  20%

今はモテたいと思っていないのかも!?　友だちといるほうが楽しくて、あまり恋愛に興味がないのかもしれないね。恋愛に気持ちが向けば、あなたのモテ度は自然とアップするよ★

モテ度アップアドバイス
恋愛をテーマにしたドラマやマンガを見てみよう！

★今日のラッキーアイテム　花柄のファイル　むずかしい問題がスラスラとけそう♪

運気を上げて女子力アップ！

恋にきくおまじない♡

恋になやんでいるなら、必見！　おまじないは、リラックスした心でやってみてね。

1 両想いになれる

カレの背中に向かって、小さな声で「スキ」と3回言おう。10日間連続して成功させてね！
（カレがとちゅうでふり向いたり、友だちに見つかったりしたら1日目からやり直しだよ。）

2 カレと話ができる

髪の毛をあらうとき、カレを思いながらシャンプーに優しく息をふきかけてからあわだてて。あとはいつもどおりでOKだよ。

3 カレが夢に出てくる

ピンクのおり紙に、ピンク色のペンでカレの名前を書こう。それをまくらの下に入れてねると、夢にカレが出てくるかも……♪

4 モテモテになる

自分がモテているところをイメージしてね。そして、左手の薬指のツメを右手でにぎって、「みんなに好かれますように」ととなえると、モテ運アップ♡

5 願いがかなう

小さなビンを用意してね。白い紙に願いごとを書いておってから、ビンに入れて。それをひとばん月の光にあてたあと、なるべく高いところに置いておこう。

2章♡恋のチャンスをつかむ

心理テスト 9

カレは〇〇系男子♥

あなたが気になるカレは、いったいどんな男の子!?
カレに関する質問に答えながら、書いてある番号に進んでね！

スタート

1
カレはスポーツが得意？
YES ➡ 2 へ
NO ➡ 4 へ

2
カレは休み時間、男友だちと遊んでいる？
YES ➡ 3 へ
NO ➡ 5 へ

3
カレはあなたをよびすてにする？
YES ➡ 6 へ
NO ➡ 5 へ

4
カレ、勉強はちょっと苦手かも？
YES ➡ 2 へ
NO ➡ 3 へ

5
カレはよく日焼けしている？
YES ➡ 7 へ
NO ➡ 6 へ

★今日のラッキーアイテム　ぬいぐるみ　だきしめると幸せな気分になれちゃう♥

6
カレは給食をいつもおかわりしている？
YES ➡ 8 へ
NO ➡ 7 へ

7
カレは本をよく読んでいる？
YES ➡ 10 へ
NO ➡ 9 へ

8
カレにはお姉さんか妹がいる？
YES ➡ 10 へ
NO ➡ 9 へ

2章 ♥ 恋のチャンスをつかむ

9
カレには好きな子がいそう？
YES ➡ B タイプ （86ページをチェック）
NO ➡ A タイプ （84ページをチェック）

10
カレはいつも服に気をつかっている？
YES ➡ D タイプ （90ページをチェック）
NO ➡ C タイプ （88ページをチェック）

診断結果 9

Aタイプ さわやか！
オレンジジュース系男子

だれにでも好かれる、好感度ナンバーワン男子。ライバルも多いかも……!?

- だれにでも優しい
- ホレっぽい
- まじめだけどジョークも大好き
- スポーツは何でも好き！特に球技！

カレが恋をしたら……♡

楽しくて明るい、太陽みたいな女の子にひかれやすいよ。好きになったら、積極的に話しかけたり遊びにさそったりするみたい。自分から告白することが多いかも★

★今日のラッキーアイテム  手づくりおにぎり　元気いっぱい！　やる気が出るよ！

カレをキュン♥とさせちゃお

ファッション

スポーティーにまとめつつ、イヤリングやフリルのくつ下など、女の子らしさを♥

テクニック

ふだんは明るいけど、何かに取りくむときの一生けんめいな姿……そんなギャップにカレはドキッとしちゃうかも♥　スポーツ大会などで、カレが出る試合をはりきって応援するのもポイント高め！

グッ♥とくるセリフは？

みんなで遊びに行った帰りに、「今度はふたりで来たいね！」って言われたら、キュンとしてうれしくなるよ

キョリがちぢまる話題♪

カレの好きなスポーツの話題でもり上がれば、あなたへの注目度はアップ！　スポーツニュースをチェックしたり、カレの好きな選手をリサーチしたりするといいかも。

理想のデート♥

スポーツ観戦なら、いっしょにもり上がれそう！

診断結果 9

B タイプ ムードメーカー！
サイダー系男子

しずんだ空気もギャグで一気にスカッと明るくする、クラスの中心的存在！

- ギャグセンスはピカイチ
- ほめられると照れる……でもうれしい
- お調子者
- ちょっとあまのじゃく

カレが恋をしたら……♡

お調子者の自分をときにはしかってくれる、しっかり者の女の子にキュンとくるカレ。好きな子の前だと、ちょっぴりきんちょうしてしまうけれど、いざとなったらビシッときめるよ。

★今日のラッキーアイテム　丸いお皿　新しい発見ができる1日になりそう★

カレをキュン♥とさせちゃお

ファッション

制服系のきちんとファッションがポイント！足元はハイソックスが◎。

テクニック

お笑い系のカレだけど、爆笑よりもクスッと笑ってくれるほうが実はうれしいみたい。照れ屋でなかなか顔を見てくれないけど、目をあわせてくれる女の子にドキッ♥

グッ♥とくるセリフは？

登下校中にたまたまふたりになったときに、「楽しいからずーっと話していたいな」ってサラッと言われたらサイコーかも！

キョリがちぢまる話題♪

話すこと自体が好きなカレだから、テレビやペットのことなど何でもＯＫ。身近な話題をふって会話を楽しもう♪カレが好きなお笑いの話でももり上がることまちがいなし！

理想のデート♥

遊園地でいっしょに、思いっきりはしゃぐ！

Cタイプ いやされる！
ホットミルク系男子

ほんわかあったか、いっしょにいると落ち着いた気分になれる男の子だよ。

- おだやか
- 人の話を聞くのが上手
- しゅみには熱くなる
- ガールズトークもまかせて！

カレが恋をしたら……♥

自分の話をしつつも人の話もしっかり聞ける女の子を、気づいたら好きになっていることが多いみたい。カレは相手の気持ちを大切にしながら、ゆっくり時間をかけてアプローチするよ。

★今日のラッキーアイテム 消しゴム きらいなことをこくふくできそうだよ！

カレをキュン♥とさせちゃお

ファッション

全体をよく見ているカレ。小物で差をつけると◎。

テクニック

カレが男らしさを見せたくなるような行動がポイント。いっしょに歩くときはカレの少し後ろを歩いて、カレの服のそでをチョンとひっぱる仕草がおすすめ♥

グッ♥とくるセリフは？

バレンタインデーに、義理チョコじゃなくて本命チョコでストレートに「大好き！」って伝えられたらグッときちゃうな

キョリがちぢまる話題♪

聞き上手でおだやかなカレは、どんな話でも真剣に聞いてくれるよ。あなたの得意なことを伝えてみると、カレも興味をもってくれてさらに会話が広がるかも♪

理想のデート♥

おしゃれなカフェへ行って、いっしょにまったり♪

2章♥恋のチャンスをつかむ

診断結果 9

Dタイプ クール！

コーヒー系男子

ちょっぴりほろ苦いコーヒーみたいな、ミステリアスな男の子。ハマるとヤミツキになっちゃうかも!?

基本的に無口

新しいものが好き

いつも冷静

実はさみしがり屋

カレが恋をしたら……♡

自分がクールな分、情熱的でアツイ女の子がタイプ。自分からはあまり話しかけないけれど、好きな子を優しいまなざしで見守っているよ。グイグイおされるのもきらいじゃないみたい。

★ 今日のラッキーアイテム　ワッフル　健康運をぐーんと高められるよ♪

カレをキュン♥とさせちゃお

ファッション

女の子らしいけれど、子どもっぽくならないキレイめなスタイルを目指そう。

テクニック

表情が豊かな女の子に、ついつい目がいっちゃうカレ。楽しいときは思いっきり笑って、うれしい感情をたくさん出してみて。その様子を見たカレは、あなたのことが気になってくるはず★

グッ♥とくるセリフは？

「ずっと前から好きでした」って手書きの手紙をもらえると、一生けんめいな気持ちが伝わってきてうれしい

キョリがちぢまる話題♪

あんまり口数は多くないカレだけど、自分の好きなことやしゅみについてはだれかと話したいと思っているよ。たくさん質問して、楽しそうにカレの話を聞いてみて！

理想のデート♥

映画をいっしょに楽しむ♪

2章♥恋のチャンスをつかむ

運気を上げて女子力アップ！

不思議な月のパワー☆

約30日かけて満ち欠けする月。形によってパワーがちがうよ。月のパワーで、ラブ運アップ！

お願いごとをするなら、新月の日！

新月のときは、体の中にある古いものをすべて出しきって、「新しい自分」になる日だと言われているよ。新たな目標や計画を立てるのにおすすめ★

おすすめのラブアクション　「カレと仲よくなりたい！」と、強く念じてみよう。

新月

リラックスして落ち着く時期

パワーがみなぎる時期

月の満ち欠け

満月

満月の日は、行動するのにGOOD！

満月は人の気持ちを高めて、成功や達成にみちびく力があるよ。いつも以上に、相手のことを思いやる心もうまれやすいよ♪

おすすめのラブアクション　思いきって告白してみよう！あなたの思いがカレにとどくはず。

今日のラッキーアイテム　犬型のスリッパ　いつも以上に想像力が広がりそう★

心理テスト 10 レッツ！ダンス♪

あなたがやってみたいと思うダンスはどれ？
A〜Dから選んでね★

A フラダンス

B バレエ

C ベリーダンス

D ヒップホップダンス

2章♥恋のチャンスをつかむ

診断結果は次のページ！

診断結果 10

🌸 このテストでわかるのは 🌸

失恋したときの立ち直り方

失恋すると、胸が苦しくなるよね。そんなときは、少しずつでいいから失恋から立ち直る方法をためしてみてね。

A 好きなことをする

運動したり、音楽をきいたり、絵をかいたり……とにかく自分の好きなことをやってみると、気分てんかんになるよ。お家の手伝いやお部屋のそうじも◎。

B 思いっきり泣く

しばらく立ち直れないタイプかも。無理にわすれようとせず、ひとりになったときは思いっきり泣こう。なみだといっしょにつらい気持ちも流れていくよ♪

C 話を聞いてもらう

自分の感情をとじこめてない？友だちに話を聞いてもらったり、日記につらい気持ちを書いたりして気持ちを解放してみると、心も軽くなっていくよ。

D 次の恋にチェンジ

失恋のお薬は、新しい恋♥ 気持ちの切りかえがはやいあなたなら、失恋から学んだことをしっかりといかして、今度はステキな恋ができるはず！

★今日のラッキーアイテム　マスキングテープ　さがしものが見つかってハッピーに♪

心理テスト 11 — どこからぬる?

下の絵の白い部分を色ぬりしてね。
あなたならどこからぬる？

 A 女の子

 B りんご

 C 犬

 D 男の子

2章♡恋のチャンスをつかむ

心理テスト 12 — りんごを食べるのは?

上の絵の中で、りんごはだれが食べると思う？
A〜Dから選ぼう。

A 女の子

B 男の子

 C 女の子と男の子で半分ずつ

 D 犬

診断結果は次のページ！

診断結果 11

🌸 このテストでわかるのは 🌸
恋のライバルは、こんな子

カレのことを好きな女の子は、あなただけじゃないのかも!? どんな子がライバルになりやすいかがわかるよ。

A 人気者
ライバルは、明るくて人気者の女の子！ いいところは見習って、あなたも積極的にアタック★

B ぶりっ子
カレの前では態度を変えるぶりっ子がライバル。あなたはいつでも自然体でいよう♪

C クールな子
ライバルは、大人っぽいデキる女の子。背のびせず、あなたはありのままの個性で勝負してみて！

D 小悪魔な子
男の子をふりまわす、小悪魔な子がライバル。あなたはカレに気持ちを素直に伝えて対抗しよう！

診断結果 12

🌸 このテストでわかるのは 🌸
あなたのヤキモチ度

ほかの女の子へのカレの行動が気になるのは、それだけカレを好きな証拠。ヤキモチのやきすぎには注意！

A ヤキモチ度 70% カレが女の子と話しているだけでモヤモヤ。あんまりしっと深いと、カレはきゅうくつに感じちゃうかも。

B ヤキモチ度 50% カレの態度が気になって、ついいじわるになっちゃうのかも。そんなときは心を落ち着けて、笑顔を意識★

C ヤキモチ度 30% たま～にモヤっとするけれど、深く考えないあなた。ヤキモチもときどきなら「かわいい」と思ってもらえそう♪

D ヤキモチ度 10% おおらかで、ヤキモチはほとんどやかないみたい。でも、ライバルの登場に気づかないなんてことも!?

★今日のラッキーアイテム　黄色のペンケース　気になるカレから声をかけられるよ♥

心理テスト 13 スイーツもりあわせ♥

あなたのまわりにいる男の子たちを、お皿にのっているスイーツにたとえてみて。だれが、どのスイーツになるかな？

2章♥恋のチャンスをつかむ

どれもおいしそう♪

- A ドーナツ
- B チョコレートケーキ
- C まっ茶のケーキ
- D フルーツタルト
- E モンブラン
- F いちごのババロア

診断結果は次のページ！

診断結果 13

🌸 このテストでわかるのは 🌸
その男の子をどう思っているか

思いうかべた男の子のことを、あなたが心の中で実はどう思っているのかがわかるよ♪

A 気のあう仲間

恋愛とは少しちがうけれど、あなたにとってカレは大切な存在。おたがいをみとめあって、かたいキズナで結ばれているよ★

B 実は気になる人

ふだんは仲のよい友だちのひとりだけど、心のおくにはカレを意識している部分が♥ 意識しすぎず、いつもどおり笑顔で♪

C 尊敬している人

あこがれの存在のカレ。勉強やスポーツができるからという理由のほかにも、考え方や行動力にカッコよさを感じていそう！

D あなたのことを好きな人

カレのさりげない親切などで、あなたへの好意を感じることがあるかも？ あなたがこまっているときに助けてくれる存在！

E ちょっと苦手な人

あなたは、予想外のカレの行動についていけない……と感じることも。共通点を見つけると、苦手意識もなくなっていくよ♪

F 大好きな人

カレに夢中で、もっと仲よくなりたいと思っているよ♥ カレにふり向いてもらえるように、自分をさらにみがいちゃおう！

★今日のラッキーアイテム　あめ　もち歩いて、友だちに配ると人気者になれそう！

心理テスト 14 — ふたりのトーク内容

ふたりの女の子が、休み時間に楽しくガールズトーク中。
それはどんな話？

 恋バナ

 ほかの友だちのこと

 学校のこと

 しゅみのこと

2章 ♥ 恋のチャンスをつかむ

心理テスト 15 — おしゃべりの最後は？

上の絵のふたりのおしゃべりの最後は、どんな感じだったと思う？ 近いものを選んでね。

「そろそろ休み時間が終わっちゃう！」

「また放課後に話そうね★」

「あっ、今度いっしょに遊ばない？」

診断結果は次のページ！

診断結果 14

🌸 このテストでわかるのは 🌸

結婚の時期

将来あなたが結婚する年がまるわかり！

A 24才以下
電撃的な出会いをして、すぐに結婚!?
その分、結婚生活をゆっくり楽しむよ。

B 25～29才
結婚する友だちがふえてくるときに、あなたもカレからプロポーズを……♥

C 30～34才
仕事に慣れたころに結婚の話が進んでいくよ。仕事と家庭を両立させそう！

D 35才以上
自由なひとりの時間をたくさん楽しんでから、じっくり結婚相手をさがすよ★

診断結果 15

🌸 このテストでわかるのは 🌸

どんな家庭をきずくのか

結婚したら、ひっぱっていくのはカレ？ それともあなた？ どんな家庭になりそうかわかるよ。

A あなたがひっぱる
カレの意見を聞きつつ、あなたがリードするよ。そんなあなたをカレも信頼して、ステキな家庭になりそう。

B カレを支える
カレが活躍できるように、一生けんめいサポート！家事もバッチリこなして、みんなのあこがれの家庭に♥

C フレンドリーな関係
おたがいを大切に思いあい、何でも話せる友だち同士のような家庭♪ 家族の時間をずっといっしょに楽しむよ。

★今日のラッキーアイテム　チョコレート　勝負強い日。じゃんけんで勝てるかも！

カラーでイメージアップ

カラーを上手に取りいれて、ミリョクをもっとひきだそう！ 小物に取りいれるのもおすすめ。

元気さをアピール

赤

エネルギッシュで活発なイメージ。気持ちを前向きにしてくれるよ。

かわいらしさをアピール

ピンク

相手を思いやる気持ちがうまれるよ。優しさが感じられる色！

クールさをアピール

青

冷静さや、落ち着きを感じられるよ。きんちょうをほぐす役わりも♪

清楚さをアピール

白

純粋、清潔をあらわすよ。何か新しくはじめたいときにおすすめ。

いやしをアピール

緑

おだやかな印象をあたえるよ。仲直りしたいときにもGOOD！

上品さをアピール

むらさき

エレガントで、ゆうがな感じに。集中力を高めたいときにも◎。

気になるカレに
こっそりテスト①

好きなカレのことは何でも知りたい！　でも、直接聞くのははずかしいよね。
こっそりチェックするだけで、カレのことがわかるテストだよ！

心理テスト 16

カレは教室にどんな様子で入ってくる？　カレよりはやく学校に行って、チェックしてみてね。

 まっすぐ教室に入ってくる

 教室の前でいっしゅん止まってから、入ってくる

心理テスト 17

カレは食パンをどこから食べているかな？
給食の時間に、チェックしてみてね。

 カレから見て左がわの角にかじりつく

 ちょうど真ん中にかじりつく

 カレから見て右がわの角にかじりつく

 手でちぎって食べる

★今日のラッキーアイテム　リップクリーム　ツヤツヤのくちびるでおしゃれ運アップ↑

カレがよくはいているくつ下はどんなもの？
一番近いものを選んでね。

A 白
（ワンポイントも OK）

 ライン入り

C 色や模様がついたもの

2章 ♥ 恋のチャンスをつかむ

仲よしグループでの集合写真。
カレがよくならぶのは、どのあたり？

A 後ろの列の真ん中あたり

B 前列の真ん中あたり

C 真ん中以外

D 特に決まっていない

診断結果は次のページ！

診断結果 16

🌸 このテストでわかるのは 🌸

カレには好きな子がいる!?

教室に入ってくる動作で、カレに気になる女の子がいるかどうかがわかっちゃうよ！

A のカレは……
カレには、今特に好きな子はいないみたい。これはチャンス！　話す機会をふやそう。友だちとしてすでに仲がいい場合は、気持ちを伝えるチャンスをさがしてみて♥

B のカレは……
カレには好きな子、または意識している子がいるみたい。カレの視線の先をたしかめてみて。「目があっちゃった」なんていう場合は、両想いの可能性大かも!?

診断結果 17

🌸 このテストでわかるのは 🌸

カレはこんなアタックに弱い

カレとどうしたらもっと仲よくなれるんだろう……となやんでいるあなたは、この結果を参考にしてみて★

A のカレは……　ボディタッチ
カレをよびとめるとき、軽く肩やうでにふれよう。あなたのことを意識しはじめるかも♥

B のカレは……　ホメる
ホメられるとうれしいカレ。ステキなところがあったら、言葉にしてカレに伝えてみてね♪

C のカレは……　遊びにさそう
休み時間の遊びや、お祭りなどのイベントにさそってみて♪　最初は友だちといっしょでもOK。

D のカレは……　共通の話題
おしゃべりがあまり得意じゃないカレ。でも、共通の話題がある子に親しみを感じるみたい！

★今日のラッキーアイテム　花びん　水をかえると、不思議と気持ちが落ち着きそう。

🌸 このテストでわかるのは 🌸

カレの恋に対する積極性

お気に入りのくつ下がどれで、カレが恋をしたときにどんな風になるのかわかっちゃうよ♪

Aのカレは……

肉食系

カレは自分の気持ちに素直にしたがうタイプで、恋愛にも積極的！いつも前向きで明るいので、おたがいを高めあえる関係になれそう。

Bのカレは……

ロールキャベツ系

肉食系でも草食系でもあるカレ。一見、あまり積極的な感じはしないけれど、恋をすると男っぽい一面を見せてくれそう♥

Cのカレは……

草食系

ガツガツしていないカレに、ちょっと物足りなさを感じるときがあるかも。でもとても優しいので、おだやかな恋愛ができるよ♪

2章♥恋のチャンスをつかむ

🌸 このテストでわかるのは 🌸

カレのウワキ度

いちずにカノジョを思い続ける？　それとも、ほかの女の子にも興味をもっちゃう？　カレのウワキ度がわかるよ！

Aのカレは……

ちやほやされるのが大好きなカレ。つい自分に気のある女の子のところへ、よっていってしまうみたい。

Bのカレは……

優しいカレ。ウワキする気はなくても、相手をきずつけたくなくてだれにでもいい顔をしてしまうのかも。

Cのカレは……

ウソをつくのが苦手なカレ。ウワキはできないけれど、かわいい女の子をつい目で追っている……ことも!?

Dのカレは……

好きな子にはいつも本気で、いちずなカレ。好きな子がいるかぎり、ウワキなんて絶対に考えられないよ。

気になるカレに
こっそりテスト②

好きなカレと両想いだったらいいよね！
カレの行動にかくされた、本音がわかるテストだよ。

心理テスト 20

遠足など、いっしょにおかしを食べる機会があるときに、カレにキャンディーをあげてみて。カレはどうするかな？

A すぐに食べる

B ポケットなどにしまう

C つつみや味をよくたしかめてから食べる

D 受け取らない、または、しばらく手でにぎっている

★今日のラッキーアイテム　おしゃれなベルト　しゅみのあう、新しい友だちができそう。

心理テスト 21

カレに「苦手なものはある？」と聞いてみよう。
どんな答えが返ってきたかな？

2章 ♥ 恋のチャンスをつかむ

A 「ない」または、それに近い答え

B 「ある」と言ったけれど、何かは教えてくれなかった

C 「ある」と言って、それが何かを教えてくれた

D 「わからない」または、はっきり答えなかった

診断結果は次のページ！

診断結果 20

🌸 このテストでわかるのは 🌸
あなたをどう思っている？

あなたがあげたキャンディーをどうしたかで、
カレがあなたをどう思っているかわかっちゃう！

Aのカレは……
あなたのことが気になっているみたい。話しかける機会をふやすと、カレの恋心がふくらんできそう！

Bのカレは……
あなたは妹のような存在♥ 自分の意見を言うと、いつもとちがうあなたにカレもハッとするかも★

Cのカレは……
あなたのことを仲のいい友だちだと思っているみたい。キョリをちぢめるには、女の子らしい面を見せてみて！

Dのカレは……
あなたをちょっと近づきにくい子と思っているかも。笑顔をキープして、話しかけやすい雰囲気をつくろう♪

診断結果 21

🌸 このテストでわかるのは 🌸
カレの好きなタイプ！

カレはどんな女の子が好きなのかな？
カレの好みをチェック！

Aのカレは……
おしゃれで目立つ女の子にキュンとしそう。たまにヘアアレンジを変えて、カレの視線をゲット！

Bのカレは……
いっしょにいて、ホッと安心できる子が好き。カレがこまっていたら、そっと手伝ってあげると◎。

Cのカレは……
いっしょにはしゃげる、楽しい子がタイプみたい。たくさん話しかけて、カレといる時間をふやそう★

Dのカレは……
しっかりして落ち着いている子が好き。まわりに流されず、自分の考えを伝える姿にカレはドキッ♥

★ 今日のラッキーアイテム　星柄のえんぴつ　あなたの才能をかがやかせてくれる♪

ラブナンバーうらない

どんな恋愛をするのかがわかる♪

生年月日を使ってみちびきだした「ラブナンバー」で、あなたの恋愛傾向をうらなうよ。相性のいいラブナンバーもわかっちゃう★

まずは自分の「ラブナンバー」を知ろう。
生年月日の数字を、1ケタになるまで足していくよ。

例1 アカリの場合

2006年1月13日 生まれ

↓

生年月日をすべてバラバラにして足すよ
2+0+0+6+1+1+3=13

↓

1ケタの数字になるまで足すよ
13 ➡ 1+3=4

アカリの**ラブナンバー**は **4**

例2 ミヒロの場合

2005年8月4日 生まれ

↓

2+0+0+5+8+4=19

↓

19 ➡ 1+9=10

↓

10 ➡ 1+0=1

ミヒロの**ラブナンバー**は **1**

診断結果は 110〜115ページ！

2章 ♥ 恋のチャンスをつかむ

ラブナンバー 1

💗 恋愛の傾向

好きな気持ちをかくさず、「あの人が好き」「気に入っている」と言うみたい。おつきあいするときもどうどうとしているので、みんなから祝福されやすいよ。かくしごとができないし、相手にもさせないタイプ。

キーワード
オープン　積極的
ストレート

⚠️ 恋をしたときの注意点

相手の気持ちを考えずに、自分の気持ちを優先した行動をとってしまいがち。でも相手にあわせてがまんしすぎると、あなたのミリョクもダウンしてしまうので、バランスを考えてみてね。

相性ランキング

1位
おおらかで明るい相手なので、いっしょにいると元気になれるよ。みんなのあこがれのカップルに❤

2位
いっしょにいると心地いい関係になるよ。リードしたいあなたに、相手がついてきてくれそう★

3位
おたがいに気持ちをストレートに伝えあうよ。アクティブなデートを楽しむみたい！

ラブナンバー 3

💗 恋愛の傾向

友だちから恋愛に発展することが多いよ。しゅみやクラブ活動がいっしょの人と恋に落ちやすいかも❤　おおらかで初対面の相手ともすぐに仲よくなるので、外国の人とも恋をしやすい傾向にあるよ。

キーワード
フレンドリー
素直　気楽

⚠️ 恋をしたときの注意点

いっしょにすごすことに慣れてくると、待ちあわせの時間におくれたり、大切な約束をわすれたりなど、約束を守らないことがふえてきそう。どんなに仲がよくても、礼儀やマナーは大切にしよう。

★今日のラッキーアイテム　クロスモチーフのもの　ピンチがチャンスに変わりそう！

ラブナンバー 2

恋愛の傾向
恋をすると相手にトコトン夢中になるタイプ。相手の好みにあわせようとするので、しゅみがガラッと変わってまわりをおどろかせることも。母性が強く、相手もあなたといると安心できるみたい。

キーワード
母性　感情的　さみしがり屋

恋をしたときの注意点
心配性で、うまくいかないことばかり考えてしまって、なかなかアプローチできないかも。両想いになっても、本当に自分を好きかどうか相手に何度も確認してしまいがち。もっと自信をもって！

相性ランキング

1位　8
誠実で安心できる相手。あなたが不安な気持ちを伝えても、しっかりとした愛情で返してくれるよ。

2位　1
いつも明るく「好き」と言って、不安をふき飛ばしてくれるよ。サプライズで喜ばせてくれそう★

3位　2
おだやかムードなふたり。しゅみや好みもあうから、おたがいの気持ちを理解しやすいよ。

相性ランキング

1位　1
ノリがあうふたり。相手がぐいぐいとリードしてくれるので、楽しく明るくすごせるよ★

2位　3
おたがいの自由な時間を大切にしあうから、いっしょにいると気が楽になる相手だよ。

3位　5
長く会話していてもあきないよ。たよりがいがあり、支えてくれることも多そう♪

カレのラブナンバーも調べてみよう♪

恋愛の傾向

慎重なタイプなので、好きな人ができても自分から動かないことが多いかも。ただ一度好きになったら、いちずに相手を思って誠実な態度をとるので、おつきあいすることになったら長続きするよ♥

キーワード
まじめ／いちず／ねばり強い

恋をしたときの注意点

相手のことを思って慎重になり、好きな人ができても、ただ「見つめているだけ」になっていることが多いかも。アプローチしないと何もはじまらないから、まずは自分からあいさつしてみよう！

相性ランキング

1位
9 おたがいのいいところを理解しあえるふたり。相手は誠実なあなたを尊敬しているみたい。

2位
4 ふたりとも誠実なので、ガッチリとしたキズナがきずけるよ。おだやかな関係になるみたい♪

3位
7 何事にも一生けんめい取りくむあなたの姿が相手にはかがやいて見えて、大切にしてくれそう★

恋愛の傾向

人の気持ちを読むのがうまく、相手にあわせたアプローチができるよ。甘え上手で、相手の気持ちをはなさないテクをもっているみたい。だれにでも親切なので、いろいろな人にさそわれて、こまることも。

キーワード
甘え上手／親切／センスがいい

恋をしたときの注意点

だれにでもいい顔をしてしまうので、変に期待させたり、ゴカイさせたりしてしまうかも……。また、強引なさそいに弱いみたい。気分があまりのらないときは、ことわる勇気をもって。

★今日のラッキーアイテム　さいふ　中を整理すると、金運がぐーんとアップするよ！

ラブナンバー5

💗 恋愛の傾向

クールだけどさわやかなあなた。会話センスもバツグンなので、モテることが多いよ。相手にあわせた行動ができるので、好きな相手ともすぐに仲よくなれるよ。サバサバとしたおつきあいが好きみたい♪

キーワード
モテモテ
会話上手
クール

⚠ 恋をしたときの注意点

自分の気持ちをあまり話さないところがあるから、あなたにそのつもりがなくても、相手はあなたとキョリを感じているかも。楽しい気持ちなどは大げさに表現してみると◎。

相性ランキング

1位 相手の細やかな気づかいにキュンとしそう。おしゃれなところにもミリョクを感じちゃうよ★

2位 たよりがいがある相手で、あなたをしっかりリードしてくれるよ♪ いっしょにいると安心。

3位 しゅみがピタリとあうふたり！ はげましあって、同じ目標に向かってがんばるよ。

2章 💗 恋のチャンスをつかむ

相性ランキング

1位 あなたの細かい変化に気づいてホメてくれるので、自信がつくよ♪ デートは話題のスポットに行くと◎。

2位 好きなものがいっしょで、話があうよ。笑いのツボも同じなので、同じものを見て楽しめそう★

3位 いっしょにいるとホッとできる相手。どんな状況でも、気持ちを明るくしてくれるよ。

あの子のナンバーは何だろうな……

113

ラブナンバー 7

💗 恋愛の傾向

ドラマチックな運勢のもち主！ はじめは「苦手だな〜」と思っていた人を好きになるなど、自分でも予想しなかった恋に落ちることも。ハプニングがきっかけで、恋がはじまることも多いみたい。

キーワード
- ドラマチック
- 負けずぎらい
- ナチュラル

⚠ 恋をしたときの注意点

アプローチするタイミングが悪かったり、ライバルがいたりなど、障害がある恋愛をすることがよくあるみたい。恋愛上手な人にアドバイスしてもらいながら、作戦を立ててみて★

相性ランキング

1位
いつも冷静で、とても信頼できる相手。あなたがこまっているときは、絶対に助けてくれるよ。

2位
おたがいに尊敬しあえるふたり。目標に向かってがんばるあなたを応援してくれそう。

3位
フィーリングがピッタリ！ いっしょにいると予想外のことが起きやすく、いつもハラハラドキドキ♥

ラブナンバー 9

💗 恋愛の傾向

「気になるカレは自分のことを好きになるはず！」という自信が、あなたのミリョクのひとつ。あなたがグイグイとリードしていく恋愛が多いよ。学校一の人気者など、ハードルが高いほど燃えるタイプ★

⚠ 恋をしたときの注意点

ちょっぴりワガママなところがあるので、相手をふりまわしてつかれさせてしまうことも……。自分の行動を相手がどう思うか、考えるしゅうかんをつくってみるとミリョクがアップ↑

キーワード
- 正直
- 理想が高い
- 努力家

★今日のラッキーアイテム　ひよこのキーホルダー　ほしかったものが手に入りそう★

ラブナンバー 8

💗 恋愛の傾向

いちずなあなたは、長く片想いをすることもよくあるみたい。でも覚悟が決まるとだいたんな告白をして、相手もまわりもビックリ！　何度ことわられてもあきらめずにアタックし続けるので、恋が実ることが多いかも♥

キーワード
慎重　強い意志
こだわり

⚠️ 恋をしたときの注意点

ちょっぴりアプローチがしつこくなりすぎちゃって、相手にひかれてしまうことがあるかも。相手の反応や状況もしっかり見て、よゆうをもって話しかけてみるとGOOD♪

相性ランキング

1位
2 — 何でも相談できる、家族みたいな関係になれるかも。いつもいっしょに行動してラブラブ♥

2位
8 — 信頼できる相手で、長くいっしょにいられるよ。約束を絶対守ってくれるところも◎。

3位
4 — 思いが伝わるまでに時間がかかるけれど、恋人同士になるとまわりがおどろくほど仲よしに★

相性ランキング

1位 7 — ユニークで、いっしょにいるとあきない相手！　あなたをよく理解して、応援してくれるよ。

2位 2 — あなたを心からたよりにしてくれるので、がんばるパワーがみなぎってきそう★

3位 9 — ときにはライバルみたいな関係になって、おたがいを高めあうことができるふたりだよ♪

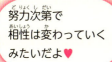

努力次第で相性は変わっていくみたいだよ♥

カレの性格・アタック法がわかる♪
血液型うらない ～カレ編～

血液型からその人の性格や考え方、相性などをみちびきだすうらないだよ。気になるカレへのアプローチに、ぜひ役立ててみて♪

A型のカレ

性格
努力家でまじめ。物事に慎重に取りくみ、まわりの信頼度も高いよ。表情にはあまり出さないけどロマンチストな一面も★

A型のカレへのアプローチ
たよられると喜ぶので積極的にお願いごとをすると◎。時間をかけて心を通わせるタイプなので、あまりあせらないで。

あなたがA型 相性	あなたがB型 相性
63% 自分の気持ちを素直に伝えてみて。	**40%** カレの話をじっくり聞くといいかも！
あなたがO型 相性	あなたがAB型 相性
87% カレのいいところをホメると◎。	**90%** いっしょにいて、あきないふたり☆

B型のカレ

性格
楽しいことが大好き！自分と正反対の相手とも気軽に話せるよ♪ 一度ハマったことには、トコトン熱中！

B型のカレへのアプローチ
いっしょに楽しめる遊びにさそうのがおすすめ！話すときは、自分の意見をはっきり言うように意識してみて。

あなたがA型 相性	あなたがB型 相性
45% おたがいのちがいを受けいれて！	**62%** どちらかがリードするといいかも。
あなたがO型 相性	あなたがAB型 相性
83% 同じしゅみを見つければ、もっと◎。	**69%** 友だちのような関係のふたり♪

★今日のラッキーアイテム　花柄の服　恋愛運が絶好調！　大きめの柄がGOOD♥

O型のカレ

性格
とてもエネルギッシュで何をするにも一生けんめい。行動力もピカイチで、自然とみんなのまとめ役になることが多いよ♪

O型のカレへのアプローチ
カレが目標に向かって一生けんめいなときには、積極的に応援しよう★ いっしょにがんばってくれる人にグッとくるよ。

あなたがA型 相性
92%
理想的なカップルになりそう！

あなたがB型 相性
70%
情熱的なふたり。ノリがあうみたい♪

あなたがO型 相性
75%
友だちもいっしょに遊ぶと◎。

あなたがAB型 相性
49%
いろんな話題で話しかけてみて。

2章 ♥ 恋のチャンスをつかむ

AB型のカレ

性格
器用で頭の回転がはやいタイプ。平和主義で、争いごとが大きらいだよ。人の役に立ちたいと考える人も多いみたい♪

AB型のカレへのアプローチ
カレの好きなものを調べて、いっしょに語るとキョリがちぢまるよ。あいさつをしっかりすると、好感度アップ↑

あなたがA型 相性
68%
ほのぼのカップルになりそう♪

あなたがB型 相性
82%
あなたの個性を大切にしてくれる★

あなたがO型 相性
40%
カレの好みをドンドン取りいれて！

あなたがAB型 相性
59%
にているふたり。変化も大切にね。

あこがれのカレとの相性がわかる♪

トランプうらない

今日は気になるカレとうまくいくかな？ トランプを使ってできるうらないだよ。カレのことを思いうかべながらやってみよう♪

用意するもの…トランプ（ジョーカーはぬいておく）

1 カードをうら向きに置く

カレのことを思いうかべながら、すべてのカードをうら向きにしよう。

2 7回かきまぜる

時計まわりに、7回かきまぜてね。

3 ひとつにまとめる

まぜ終わったカードを、ひとつの山にまとめよう。

4 今日の日付の数のカードをひく

その日の日付の数字の数だけ、上からカードをかぞえて、そのカードをひいてね。
（例）うらなう日が8日の場合→上から8枚目のカードをひく。

「上からゆっくり数えて、ひこう♪」

結果 カードのマークから、今日の相性がわかるよ♪

 ハート
だまっていても心が通じあう日。急接近できる可能性大♥

ダイヤ
ふたりのノリがいまひとつ。笑顔で話しかける努力をしてみて★

 クラブ
会話がもり上がるよ！ みんなでいっしょに遊ぶのがおすすめ。

 スペード
ゴカイがうまれやすい日。あまのじゃくにならないように注意！

★今日のラッキーアイテム　ピアノ　さわるとムカムカがふき飛んでいくよ。

3章 友だちとのキズナを深める

友だちとは、これからもずーっと仲よしでいたいよね。
もっとキズナを深めちゃおう★

友だちはあなたのこと、どう思っている!?

仲よしグループにピッタリのおそろコーデ♥

友情にまつわる花言葉を紹介♪

診断結果 1

このテストでわかるのは
新しい友だちと仲よくなる方法

A 明るくあいさつ
自分から元気にあいさつをして、仲よくなりたい気持ちが伝わるようにしてみよう！

おはよう！

B あだなをつける
かわいいあだなを考えて、たくさん話しかけよう。今までのあだなを聞いてみるのもいいかも♪

ゆうっちー

C 変顔で笑わせる
変顔をして笑わせてキョリをちぢめよう。やりすぎるとひかれちゃうかもしれないから、注意！

せーのっ

サラちゃん おはよう！

！

ふふ
大きな声

おはよう！

次どこ行くー？

恋も友情も どっちもハッピー♪

心理テスト2 こんなとき、どっち?

10の質問にYESかNO、または1か2のどちらかで答えてね。最後に、YESか1を選んだ数を足してね。

1 スタート
みんなで遊園地に遊びに行くことに。ジェットコースターには絶対乗りたい?

YES・NO

2
クラスで席がえがあったよ。あなたのとなりは話したことがない女の子。すぐに話しかける?

YES・NO

3
髪型がきまらないと、一日中落ち着かない?

YES・NO

4
仲のいい友だちがあなたと同じ筆箱を使っていたよ。うれしい?

YES・NO

5
海に向かって大声でさけぶとしたら、どっち?

1 好きな男の子の名前をさけぶ
2 「ワー!」とさけぶ

★今日のラッキーアイテム　オムライス　ケチャップでお願いごとをかくと◎。

6
今日の気分にあうくつ下はどっち？

1 元気なストライプ　　**2** パステルの花柄

7
友だちと同じ男の子を好きになった！ わかったらすぐにゆずっちゃうほう？

YES・NO

8
習いごとに行きたくないなーというとき、仮病を使う？

YES・NO

9
だれかが友だちの悪口を言っていると、いっしょになって悪く言っちゃうことがある？

YES・NO

10
お料理やおかしづくりは、あまりしない？

YES・NO

YESもしくは1を選んだ数

0〜3こ → A

4〜6こ → B

7〜8こ → C

9〜10こ → D

3章 ◯ 友だちとのキズナを深める

診断結果は次のページ！

診断結果 2

🌸 このテストでわかるのは 🌸
ピッタリの親友のタイプ

あなたと気のあう親友のタイプがわかっちゃうよ♪　どんな子がピッタリかな？

A 相談相手タイプ

あなたの心によりそってくれる親友は、聞き上手なタイプ。一見おとなしそうに見えるけど、ちゃ〜んと自分の意見も言ってくれるしっかり者。そんな親友が見つかるのは、意外な場所のことも。学校以外でもステキな出会いがありそう♪

B 以心伝心タイプ

特別なことがなくても、ただとなりにいたり、散歩したり。だまっていても心が通じあう、そんな以心伝心できる子があなたにはピッタリ。「親友とよべる子ができない」というあなたは、同じクラスでまだ話したことのない子に注目してみて！

C 目標が同じタイプ

同じ目標に向かっていっしょにがんばっている子が、あなたのベストフレンドになるかも。おたがいを高めあう関係でこそ、うちとけあえそうだよ。もしかして、習いごとなどで思いあたる子がいるのかも!?　思いきって自分から話しかけてみて。

D にた者同士タイプ

とにかく好きなものがにていてしゅみのあう友だちが、あなたの最大の味方になりそう。その子とのちょっとした会話や持ちものにピンときたら、それは仲よくなれるかもしれないサイン。ちがうクラスにいる子も、まんべんなく観察してみよう★

★今日のラッキーアイテム　**小さなバッグ**　必要なものだけを入れると、運気アップ↑

心理テスト 3 　お花のプレゼント

友だちをひとり思いうかべてね。その子がサプライズで
お花をくれたよ。何本くれたかな？

- A　1本
- B　3本
- C　5本
- D　10本

3章●友だちとのキズナを深める

心理テスト 4 　海にもぐると？

あなたはキレイな海にもぐっているよ。最初に出あった
海の生きものは？

- A　イルカ
- B　熱帯魚
- C　クラゲ
- D　ヒトデ

診断結果は次のページ！

診断結果 3

🌸 このテストでわかるのは 🌸
友だちからのたよられ度

お花の数は、友だちからの信頼度をあらわしているよ。
思いうかべる友だちによって本数が変わるかも!?

A 信頼度 20%
甘えんぼさんのあなた。たよられるより、相手にとっては大切に守ってあげたくなる存在みたい♪

B 信頼度 40%
状況によって、たよったりたよられたり、役わりをチェンジ。バランスのいいタイプ★

C 信頼度 70%
あなたは、よく気がつくタイプ。相談やなやみがあるときに、あなたの顔がうかぶ子も多いみたい♪

D 信頼度 90%
たくさんの友だちからたよりにされているよ。たまにはたよってみると、新しい発見があるかも!

診断結果 4

🌸 このテストでわかるのは 🌸
あなたの心のヒミツ度

仲のいい子に対しても、見せていない本当のあなたがいるのかも? 思いきって心のとびらをオープン!

だれに対しても自分の全部を見せられちゃう!
小さなことは気にしない、おおらかな性格だよ。

仲よしグループには、自分の弱いところを見せられるタイプ。その子たちと深くつながりあえるよ★

 心のヒミツ度 70%
あなたは人見知りではずかしがり屋。あなたを理解してくれる子がひとりいれば、十分みたい♪

 心のヒミツ度 90%
心の中を見せるまでにちょっぴり時間が必要なあなた。あせらず、信頼できる子を見つけてね!

★今日のラッキーアイテム 青のボールペン 勉強がいつもよりはかどるよ!

心理テスト 5 — 何に見える?

下の模様は、何をあらわしていると思う?
深く考えず、直感で選んでね。

3章 ◯ 友だちとのキズナを深める

 かとり線香や、お香

 ロールケーキや
クッキーなどのおかし

 ヘビ

 めいろ

診断結果は次のページ!

診断結果 5

🌸 このテストでわかるのは 🌸
あなたにおすすめの会話術

「あの子といっしょにいると楽しいな」と、思われる女の子になりたいよね！　話し上手になるためにおすすめのテクがあるよ。

Ⓐ ツッコミテク

明るくてノリのいいあなたは、ツッコミ技をマスターしよう。友だちがおもしろい発言をしたら「なんでやねん♪」と言うなど、リアクションをしてみて。じょうだんだとわかるように、大げさにニコニコしながらツッコむのがコツ。

Ⓑ 聞きテク

話を聞くのが上手なあなたは、聞き技にもっとみがきをかけると◎。「うんうん」と相づちをうったり、「そのあとどうなったの？」などと質問したりしながら聞くのがコツ。話を聞いたあとには、ゆっくりでいいから自分の意見も言ってみよう！

Ⓒ ボケテク

みんなを楽しませるのが好きなあなたは、ボケ技をマスターしよう。わざとまちがいやおかしなことを言って、みんなの笑いをさそってみて♪　でも、相手の失敗やまちがいなどをネタにすると相手がイヤな気持ちになるから、気をつけようね。

Ⓓ まとめテク

グループで話していると、それぞれの意見がバラバラになってまとまらないことも。そんなときこそ、場の空気を読むのが上手なあなたの出番！　みんなの意見のいいところをまとめてみよう。実はリーダーに向いているタイプ★

★今日のラッキーアイテム　ゆでたまご　家族との仲をより深められそう★

心理テスト6 人形のとなりに……

ソファにすわった、かわいい女の子の人形。そのとなりにすわらせるなら、どれ？

 ウサギのぬいぐるみ

 女の子のママの人形

 同じ年ごろの男の子の人形

3章 ● 友だちとのキズナを深める

心理テスト7 友だちのワンピース

街でバッタリあった友だちのワンピースが、あなたのお気に入りのものと同じだった！ 何て声をかける？

 「わたしも同じ服をもってるよ！」

 「そのワンピース、にあってるね♥」

 「ヘアアクセとバッグがステキ★」

診断結果は次のページ！

このテストでわかるのは
意外と相性がいい子

となりの人形は、あなたと実は相性がいい友だちのタイプをあらわすよ。意外なタイプかも!?

A しゅみがちがう子

友だちとのちがいを楽しんで受けいれることができるあなた。今まで知らなかったしゅみに、友だちとハマりそう！

B ライバルの子

目指すものが高いほど燃えるあなたは、同じ目標をもつライバルに共通点を感じるのかも。一番の理解者になりそう♪

C 異性の子

男の子と外で遊んだり、スポーツしたりするのも好きなあなた。いっしょに体を動かすと、アツ〜イ友情がうまれるよ★

このテストでわかるのは
友だちと好きな人がかぶったときの反応

恋愛をとるか、友情をとるか、それとも……!?
あなたがどんな反応をするのか、わかっちゃうよ♪

A 正々堂々とアタック

大好きな友だちだからこそ、ウソをつくことができないあなた。正直に友だちに伝えて、正々堂々とカレにアプローチ！

B 友だちを応援

友だちの恋を知ったら、あなたはカレへの思いをたちきって、友だちを応援しそう。恋愛より友情を大切にするタイプ。

C こっそりアプローチ

友だちの恋の応援もしないし、自分の恋もあきらめないあなた。だれにも相談できずに、苦しい思いをしちゃうかも。

今日のラッキーアイテム　マーガレット　ステキな恋の出会いがあるかも!?

心理テスト8 演劇の発表会！

発表会で『シンデレラ』をするよ。
あなたがやる役は、A～Cのどれ？

A 魔法使い
B シンデレラ
C いじわるな姉

3章 ● 友だちとのキズナを深める

心理テスト9 声をかけるなら……

発表会で、友だちがセリフを大失敗！
あなたなら、何て声をかける？

A「気にしない、気にしない！」

B「わたしもうまく言えないところがあったよ」

C「すごく練習したのに残念だったね」

診断結果は次のページ！

🌸 このテストでわかるのは 🌸
苦手な子とのつきあい方

「あの子、ちょっと苦手だな……」と思う子と、どう接すればいいかアドバイスするよ♪

A 共通点を見つける

意見があわない子でも、何かしらの共通点があるはず。筆箱が同じなど、何でもいいから共通の話題を見つけてみよう！

B いいところをホメる

苦手な子のいいところを、思いきってホメてみよう★ だんだん会話もふえてきて、自然と仲よくなれるかも。

C 元気にあいさつ

言葉をかけるのが苦手な相手っているよね。そんなときは、あえて自分から元気にあいさつ！ 気分もアップするよ♪

🌸 このテストでわかるのは 🌸
友だちとの仲直りの方法

友だちとケンカして、なかなか仲直りができないとき、どうするのがベスト？

A 直接「ごめんね」

直接あやまっちゃうのがベスト。相手もあやまるタイミングをさがしているだけだから、勇気ひとつで仲直りは簡単！

B 手紙で伝える

友だちへの思いを、手紙に書くのがおすすめ。暗いトーンではなく、明るく「仲直りしたい気持ち」を伝えてね。

C ほかの子に協力してもらう

本人の前では、意地をはっちゃうあなた。ほかの友だちを通して、あなたの気持ちを伝えてもらうと仲直りの近道に★

★今日のラッキーアイテム　教室のつくえ　優しく2回たたくと、やる気アップ↑

心理テスト 10 ある放課後のできごと

学校が終わってから、こんなことがあったよ。A〜Dはあなたの友だち。それぞれ、だれか想像してみてね。

A 学校の帰り道、ひとりで歩いていたら、**Aちゃん**が向こうから走ってきたよ。

B Aちゃんとふたりで話していると、公園から**Bちゃん**の大きな笑い声が聞こえてきたよ。

C BちゃんはCちゃんの話に大笑いしていたみたい。Cちゃんは、わたしに気づいて話をやめたよ。

D 3人とわかれて家に帰ると、**Dちゃん**から電話があったよ。ひさしぶりで長電話しちゃった！

3章 ● 友だちとのキズナを深める

診断結果は次のページ！

診断結果 10

🌸 このテストでわかるのは 🌸
友だちをどう思っているか

あてはめた友だちを、あなたがどう思っているのかがわかっちゃう！　あなたの心の中を、ズバリのぞいちゃうよ★

Ⓐちゃん ＝ 姉妹みたいな存在

本当の姉や妹みたいに、いつもそばにいてくれるのがあたり前になっているみたい。こまったときにはたよりにしたくなる相談相手と言えるね！

Ⓑちゃん ＝ 親友

大事なことはその子にしか話せないほど、あなたにとって大切な存在。どこに行くにもいつもいっしょで、この先もずっと友だちでいたいと思っているはず！

Ⓒちゃん ＝ ちょっと苦手な存在

その子の言葉や行動に「えっ!?」と思って、モヤモヤしてしまうことが多いみたい。その子のステキなところを見つけてみると、モヤモヤも小さくなるかも★

Ⓓちゃん ＝ あこがれの存在

その子みたいになりたいと思っている、目標の存在だよ。どんなところにあこがれているのか考えてみて、いいところはどんどんまねしちゃおう♪

★今日のラッキーアイテム　パスタ　恋愛運がアップ！　あたたかいものがGOOD。

友情を深める花言葉★

花言葉には友情にまつわるものがいっぱい♪

ゼラニウム
真の友情

アサガオ

かたいキズナ

フリージア
親愛の情

マーガレット

信頼

黄色いバラ

友情

ピンクのガーベラ

感謝

3章 ◯ 友だちとのキズナを深める

花モチーフでもっと仲よく♪

あなたの気持ちにあった花をモチーフにしたアイテムを友だちにプレゼントしよう♪

手紙

ハンカチ

ヘアアクセ

小物入れ

友だちといっしょにテスト①

仲よしの子といっしょにやってみよう！　もり上がることまちがいなし★

心理テスト 11

いろんなネコがいるよ。自分と友だち、それぞれ一番にているネコはどれ？　おたがいに選びあってみてね。

A ミケネコ
B 白ネコ
C ハチワレネコ
D 黒ネコ

★今日のラッキーアイテム　どらやき　気持ちが前向きに♪　新しいことにトライ！

心理テスト 12

あなたの気になる男の子が、前を歩いているよ。友だちはあなたに何て言う？　友だちに選んでもらおう！

3章●友だちとのキズナを深める

A 「声をかけてみたら？」

B 「○○くんだよ！ラッキーだね♪」

C 「いっしょに、ワッておどろかせちゃおうよ」

D 「○○くんのこと、▲▲ちゃんも好きみたいだよ」

診断結果は次のページ！

診断結果 11

🌸 このテストでわかるのは 🌸
グループでのキャラクター

仲よしグループの中で、あなたと友だちはどんなキャラ？ にているネコから、それぞれのポジションがまるわかり！

A サポートキャラ

縁の下の力もち的な役わりのあなた。みんなが楽しくいられるように、そっと支えるのが得意。自分をしっかりもっているから、まわりからの信頼もあついよ★

B リーダーキャラ

自然とみんなをまとめることが多いあなたは、まさにリーダーキャラ！ 決断力と行動力がバツグンだから、みんなはあなたをたよりにしているよ♪

C ムードメーカーキャラ

「あの子がいると明るくなるよね」と思われている、マスコット的存在。楽しい一言や気のきいた言葉で、場の空気を一気に変えちゃう才能のもち主だよ！

D マイペースキャラ

グループ内で一番わが道を行くタイプで「みんなとちがってもいいじゃ〜ん♪」というマイペースなあなた。いないとさみしくなっちゃう、不思議キャラ★

★今日のラッキーアイテム　リボンのヘアピン　自然とまわりに人が集まってきそう★

診断結果 12

このテストでわかるのは
友だちはこう思っている！

友だちが選んだ言葉から、あなたのことを、友だちがどう思っているのかをズバリあてちゃうよ♪

A 落ち着ける相手

友だちにとってあなたは、安心する存在。自分の気持ちを一番わかってくれる、と思っているよ。そんな友だちといると、あなたも落ち着けるのかも♪

B ワイワイできる相手

友だちはあなたを、もり上がれる仲間だと思っているよ。いっしょに大笑いした経験が多いんじゃない!? いっしょに遊ぶほど、仲よし度もアップ↑

C もっと仲よくなりたい相手

友だちは、まだちょっとあなたとキョリを感じているのかも。あなたのことを知りたいと思っているから、あなたも自分のことをもっと話してみてね★

D 世話をやきたくなる相手

友だちはあなたを見ていると、何かしてあげたくなるみたい。お母さんみたいで「うるさいなあ」って思うことも。でも、ここ一番でたよりになる存在！

3章 ◎ 友だちとのキズナを深める

友だちといっしょにテスト②

仲よしグループのキズナが深まる休日プランがわかるテストだよ★

心理テスト 13

友だちといっしょに目をつぶって、「せーの」で下の絵を指さそう。みんなの数字を足した数を出してね。

合計は　　　点

※数字がないところをさしたときは、もう一度やり直してね。

- 2～6点 →141ページ Aプラン
- 7～12点 →142ページ Bプラン
- 13～17点 →143ページ Cプラン
- 18点以上 →144ページ Dプラン

★今日のラッキーアイテム　ふせん　集中力が高まって、勉強がはかどりそう！

診断結果 13

合計点が2〜6点の仲よしグループは

Aプラン お家でガールズトーク☆

学校ではなかなか話せないことも、お家ならいっぱい話せるよね！　友だちの知らない一面が見えてくるかも★

おすすめ♥トークプラン

💙 **恋バナ**
恋バナはやっぱりハズせない！　この本を使って、もり上がるのもいいかも♥

💙 **おしゃれ**
最近のハヤリをチェック★学校コーデを考えあえば、仲よし度もアップ！

3章○友だちとのキズナを深める

キラキラ★おそろコーデ

ポイント1
まったりできる、ゆるめの服が◎。

ポイント2
ふわふわの生地など、着心地にもこだわってみて！

ポイント3
くつ下はもこもこタイプがかわいいよ♥

診断結果 13

🌸 合計点が7〜12点の仲よしグループは 🌸

Bプラン 元気にアクティビティ！

いっしょに体を動かすアクティビティがおすすめ！
同じことを夢中でやると、自然とキョリがちぢまるよ♪

おすすめ♥アクティビティプラン

❤ **ダンス**
人気曲のダンスをマスターしちゃお★ 細かいところは、おたがいに確認！

❤ **ウォーキング**
ゆっくり歩いてみよう♪ おしゃべりしながらだと、楽しんで歩けちゃう♥

キラキラ★おそろコーデ

ポイント1
大きめのロゴが入ったキャップをポイントに♪

ポイント2
スポーティーなアイテムで統一して元気さアップ↑

ポイント3
ハイカットスニーカーでカッコよくきめよう！

★今日のラッキーアイテム　いちご大福　何をやってもツイている1日になるよ♪

診断結果 13

合計点が13〜17点の仲よしグループは

Cプラン おしゃれをして、街にゴー♪

とびっきりのおしゃれをして、街におでかけ！
どこに行くか計画を立てるだけでも、もり上がりそう★

おすすめ♡街プラン

♡ ショッピング
服やアクセサリーを見ているだけでも楽しい★ おそろアイテムをさがしても◎。

♡ プリクラ
新しいポーズを考えてみよう！ デコるときも、いつもとちがう雰囲気で♥

3章 ○ 友だちとのキズナを深める

キラキラ★おそろコーデ

ポイント1
目立つヘアアクセでまわりと差をつけよう♪

ポイント2
イニシャル入りのおそろバッグで、仲よし度アップ！

ポイント3
モノトーンコーデに明るい色をプラス！

診断結果 13

❀ 合計点が18点以上の仲よしグループは ❀

Dプラン 自然いっぱいの公園へ★

自然の中だと、気分がスッキリするよね！ 緑あふれる公園で、みんなの心も体もリフレッシュ♪

おすすめ♥公園プラン

💚 **ピクニック**
お弁当やおかしをもちよってピクニック★ みんなで食べるとおいしさもアップ。

💚 **全力で遊ぶ**
本気度120％で遊ぼう。かくれんぼやかげふみも全力ですれば、もっと楽しい！

キラキラ★おそろコーデ

ポイント1
花柄など、自然をテーマにした模様がおすすめ♥

ポイント2
コーデの一部におそろ柄を取りいれる、上級テクにチャレンジ！

ポイント3
足元は動きやすいスニーカーがGOOD♪

★今日のラッキーアイテム　ブレスレット　友だちとおそろいにすると友情度アップ★

友だちが出てくる夢の意味がわかる♪

夢うらない

夢に出てきたものや夢の様子から、あなたの心の状態や近い未来に起こることがわかるうらないだよ。

夢うらないをするときのポイント

★ どんな夢か思い出せないときは、無理に思い出さなくてOK。覚えているものでうらなおう。
★ 一度にたくさんの夢を見たときは、一番印象に残っているものを選んでね。

3章 ◦ 友だちとのキズナを深める

友だちとケンカする夢

成長できるサインなのかも……!?

仲のいい友だちは、あなた自身の分身でもあるよ。ケンカする夢を見るのは、あなたが自分のきらいなところと真剣に向きあっている証拠。ひとまわり大きく成長できる予感★

友だちと乗りものに乗っている夢

同じ運命をたどるのかも……!?

友だちといっしょに電車やバスに乗っていたら、将来、進路などでその子と同じ運命をたどりそう。とちゅうでどちらかがおりた場合は、おたがいに新しい目標を見つけてそれぞれがんばるのかも♪

友だちと電話する夢

伝えたいことがあるのかも……!?

友だちに電話をかける夢は、あなたは相手にどうしても伝えたいことがあるみたい。反対に相手から連絡がある場合は、正夢の可能性が高く、あなたに知ってもらいたいことがありそう。

★今日のラッキーアイテム　紺色のパーカー　いろんなことが計画どおりに進みそう♪

友だちが笑っている夢

信頼している証かも……!?

どんな風に笑っているかで意味が変わるよ。優しくほほえんでいる場合は、あなたを心から信頼しているサイン！ 大笑いしている場合はあなたにかくしごとをしているのかも……!?

3章 ◦ 友だちとのキズナを深める

番外編 気になるカレが出てくる夢

カレとデートする夢

大好きなカレとデートしている夢には、恋へのあこがれや「こうなれたらいいな」という願望がかくれているよ。カレへの思いがあふれている証拠だね♥

カレにフラれる夢

カレに冷たくされたりフラれたりする夢は、実際には思いがかなうサインだよ！ 近いうちにカレからアプローチされて、うれしいことが起こるかも……♥

血液型うらない ～友だち編～

仲よしのあの子との相性はどうかな？ 血液型別に、もっとキズナを深める方法も紹介するから、参考にしてみてね★

A型の友だち

性格
優しい性格で、まわりにあわせるのが得意。ルールや礼儀を守り、努力家な人が多いよ。負けずぎらいな一面も。

A型の子とキズナを深める方法
ひとりでなやんでしまうことが多いので、こまっているときにはすぐに声をかけて。親身になって話を聞いてあげてね。

あなたがA型 相性 76%
いいところをホメるとさらに◎。

あなたがB型 相性 54%
相談するとキョリがぐっとちぢまる♪

あなたがO型 相性 79%
相手の意見をじっくり聞いてみて★

あなたがAB型 相性 80%
言葉に気をつけるともっと仲よしに！

B型の友だち

性格
マイペースで、何事にも好奇心おうせいなタイプ。にぎやかで、すぐに友だちができるよ♪ 実はさみしがり屋。

B型の子とキズナを深める方法
自分のペースをくずされるのが苦手なので、あまりキッチリと決めすぎずに、自由に遊ぶのがおすすめだよ★

あなたがA型 相性 49%
おたがいにペースをあわせるとOK。

あなたがB型 相性 88%
行動的な最強コンビだよ！

あなたがO型 相性 80%
元気でにぎやか。とても気があう★

あなたがAB型 相性 63%
共通の話題を見つけるといいかも♪

今日のラッキーアイテム　アルバム　なやみを解決するヒントをゲットできそう★

O型の友だち

性格
考えるより、とにかく行動！　めんどう見がよく、人とのつながりを大切にするタイプ。じっくり取りくむのは少し苦手。

O型の子とキズナを深める方法
言いたいことをキチンと伝えあうといいよ。でも落ちこみやすいので、細かいことの言いすぎや言葉づかいには注意して。

あなたがA型　相性
89%
息ピッタリ★　おたがい支えあうよ。

あなたがB型　相性
78%
メリハリがあるコンビになりそう！

あなたがO型　相性
61%
いいライバル関係になりそうだよ♪

あなたがAB型　相性
53%
いっしょにスポーツをすると◎。

3章　友だちとのキズナを深める

AB型の友だち

性格
わけへだてなく、いろんな人と仲よくなれるよ。まわりの様子を考えて行動する冷静な性格。ちょっぴりクールすぎる面も。

AB型の子とキズナを深める方法
あなたからたくさん話しかけてみて。いろんなことに興味があるので、同じしゅみを見つけてもり上がるといいかも♪

あなたがA型　相性
76%
友だちからアドバイスをもらうと◎。

あなたがB型　相性
62%
自分の意見もしっかり伝えてみよう！

あなたがO型　相性
45%
相手を理解しようという姿勢が大切。

あなたがAB型　相性
80%
ふたりの世界ができあがりそう★

「前向き言葉」でハッピー♪

声に出した言葉には不思議な力が宿ると言われているよ。前向きな言葉で、幸運をよびこもう★

口にするだけで 運気アップの言葉

ふだんの生活でたくさん使おう！

ありがとう
感謝の言葉は、最強の前向き言葉！ とびっきり心をこめて言おう。

楽しい♪
楽しい気持ちを言葉にすると、もっといいことが起こるかも♪

大好き☆
はずかしいかもしれないけれど、好きなものには正直になってみよう★

ツイてる！
「給食が好きなおかず♪」など、小さなことでもラッキーを見つけて！

友だちに向かって言ってない!? 運気ダウンの言葉

- うざい
- ムカつく
- お前さ〜
- めんどくさ〜い

気をつけよう〜

もし運気ダウンの言葉を使いそうになったら、深呼吸をして、気持ちを落ち着けよう。もちろん、悪口もNG!!

★今日のラッキーアイテム　スニーカー　いい運気をよびこむよ。よごれは落としてね！

書いて！HAPPYに 友&カレ profile
あの子のことがもっとわかる♪

友だちやカレの好きなもの、意外と知らないかも？　ぜひ、このプロフ帳を役立ててね★

友だちプロフ→152〜155ページ
カレプロフ→156ページ

「本をわたして書きこんでもらおう♥」

「友だちやカレのこともうらなっちゃおう♪」

心理テストの診断結果

プロフ帳には、こっそり心理テストがあるよ♪
答えを教えてあげて、いっしょにもり上がるのもいいかも！

152〜155ページ
★どの食べものを選んだかで、ふたりの「しんゆう」タイプがわかる！
- Ⓐ 心をゆるしあっている「心友」
- Ⓑ 信頼できる「信友」
- Ⓒ とても仲よしな「親友」

156ページ
★どの文房具を選んだかで、カレがあなたのステキだなと思っているところがわかる！
- Ⓐ 優しいところ
- Ⓑ 積極的なところ
- Ⓒ 笑顔

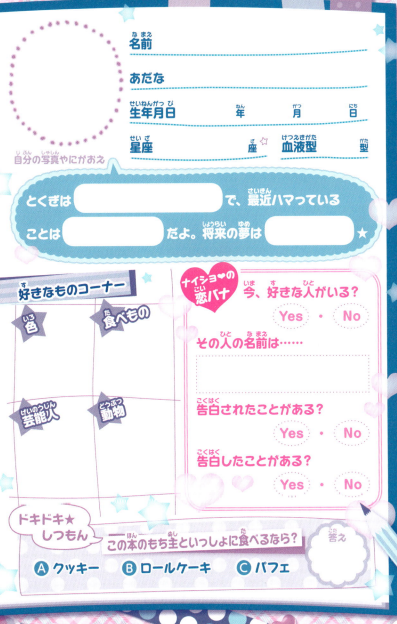

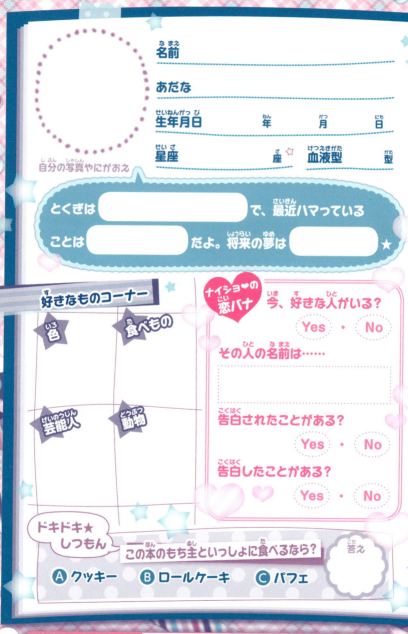

書いて！HAPPYに 書きこむだけ!! 願いがかなうノート

知らないうちに、書いた願いがかなう魔法のノート♪
書くときのポイントを要チェック！

願いごとを書きこむときのポイント

♠ 願いを**具体的にイメージ**しよう。

♣ 「目標」にせず、
　もう**願いがかなった状態**のことを書こう。

例

○ 背すじがピンとのびて、
　姿勢がキレイになっていた！
　　　　　　　具体的なので○
　　　　　　　願いがかなった状態なので○

× 姿勢をよくしたい！
　　具体的じゃないので×
　　目標になっているので×

願いごとは、大きなことでも
小さなことでもOK！

願いがかなうノート

157ページを見て、あなたの願いを書いてみよう！

♥

♦

♠

♣

♥

♦

♠

♣

158　★今日のラッキーアイテム　赤い上着　ラッキーなことばかりで、絶好調な1日に★

- ♥ 監修　ルネ・ヴァン・ダール研究所
占いや神秘学、および心の研究所。日本で初めて「世界の占い」を学術的に解析し、新しい心理学の立場から現代生活に直接役立つように研究。創立以来、約40年にわたり、人間の幸せのありかたを追求し続けることを使命としている。

- ♥ 装丁イラスト　　立樹まや、あゆみゆい、星乃ゆらら
- ♥ 漫画・キャラクター　うさぎ恵美
- ♥ 本文イラスト　　あゆみゆい、折紙ちよ、さくらしおり、
　　　　　　　　　ちゆ、ナツキノリ、能義たか好、
　　　　　　　　　星乃ゆらら、水谷はつな、湯屋きょろ
- ♥ デザイン・DTP　株式会社 ダイアートプランニング（髙島光子、桑原亮、横山恵子）
- ♥ 執筆・編集協力　菊池麻祐、五明直子、田中真理
- ♥ 編集協力　　　　株式会社 童夢

ラッキーガールをめざせ☆
女子力アップ心理テスト＆うらない BOOK

2017年3月17日　第1版第1刷発行
2017年5月22日　第1版第2刷発行

監　修　　ルネ・ヴァン・ダール研究所
発行者　　山崎　至
発行所　　株式会社 PHP研究所
　　　　　東京本部　〒135-8137　江東区豊洲5-6-52
　　　　　　　　　　児童書局　出版部　TEL 03-3520-9635（編集）
　　　　　　　　　　　　　　　普及部　TEL 03-3520-9634（販売）
　　　　　京都本部　〒601-8411　京都市南区西九条北ノ内町11
　　　　　PHP INTERFACE　　http://www.php.co.jp/
印刷所
製本所　　図書印刷株式会社

© PHP Institute, inc. 2017 Printed in Japan　　　　　　　　　　　ISBN978-4-569-78637-7
※本書の無断複製（コピー・スキャン・デジタル化等）は著作権法で認められた場合を除き、禁じられています。
　また、本書を代行業者等に依頼してスキャンやデジタル化することは、いかなる場合でも認められておりません。
※落丁・乱丁本の場合は弊社制作管理部（TEL 03-3520-9626）へご連絡下さい。
　送料弊社負担にてお取り替えいたします。
159P 20cm NDC140